HANS ULRICH GUMBRECHT

SERENIDADE, PRESENÇA E POESIA

HANS ULRICH GUMBRECHT
SERENIDADE, PRESENÇA E POESIA

SELEÇÃO E TRADUÇÃO
Mariana Lage

Relicário

CIP –Brasil Catalogação-na-Fonte | Sindicato Nacional dos Editores de Livro, RJ

G974s

Gumbrecht, Hans Ulrich, 1948-

Serenidade, presença e poesia / Hans Ulrich Gumbrecht; Seleção e Tradução Mariana Lage. -- Belo Horizonte, MG : Relicário Edições, 2016.
180 p.
ISBN: 978-85-66786-44-6

1. Filosofia. 2. Estética. I. Lage, Mariana.
II. Título
CDD 190

COORDENAÇÃO EDITORIAL Maíra Nassif Passos
PROJETO GRÁFICO & DIAGRAMAÇÃO Ana C. Bahia
SELEÇÃO, TRADUÇÃO E ENTREVISTA Mariana Lage
REVISÃO Pedro Furtado

RELICÁRIO EDIÇÕES
www.relicarioedicoes.com | contato@relicarioedicoes.com

UMA NOTA INTRODUTÓRIA

Luiz Costa Lima

Há quarenta anos, Sepp Gumbrecht, oferecendo seminários, participando de bancas de exame ou na condição de conferencista, tem estado presente no Brasil. Desde sua condição de professor assistente, na Universidade de Constança, quando foi pela primeira vez convidado para vir ao Rio, onde ofereceria um seminário na PUC-Rio, depois, já na condição de professor titular, em Bochum, depois em Siegen, até transferir-se definitivamente para Stanford, Gumbrecht sempre esteve entre nós. Creio que nenhum ano terá passado sem que ele se encontrasse ou no Rio, ou no interior baiano, em Vitória da Conquista, ou, mais recentemente, em Ouro Preto. Sua presença constante e a amizade que fez entre os que têm frequentado seus cursos o tornaram, por sua vez, anfitrião e orientador de pós-doutorandos nossos, em Stanford. Além desse duplo contato, Hans Ulrich Gumbrecht, como é seu nome oficial, tem estado conosco por diversos de seus livros traduzidos. O livro com os cinco ensaios que aqui prefacio será apenas o mais recente.

Desde que o conheci em Constança, temos sido amigos, e a ele devo tanto o escape da cortina de ferro com que a ditadura de 1964 me cerceava quanto, depois dela, nossa estreiteza intelectual. Isso, entretanto, não significa que nossos perfis intelectuais não contem com divergências. Elas apenas não afetam o laço afetivo que nos une.

Nossas perspectivas diferentes aqui se manifestam no primeiro ensaio pela orientalização ensaiada da experiência estética. Assim se faz por sua aproximação do conceito heideggeriano de *Gelassenheit*, entendido metaforicamente como "calma compostura". A razão de minha discordância decorre de que tal associação me soa como uma forma, por certo refinada, de defesa do *status quo*. O argumento que nos desune se mostra pela junção de duas afirmações: ao passo que "interpretar o mundo conceitualmente, revisar antigas interpretações, afinar nossas perspectivas – esse é, afinal, o modo como vivemos nossas vidas", "o que espero conseguir com a arte (ou por meio de qualquer outro recurso) é *ficar quieto por um momento,* é não ter a necessidade de produzir novos conceitos o tempo todo e de transformar a mim mesmo ainda uma vez" (p. 34). O limite de pôr limites à exigência de produção de conhecimento, a separação, portanto, entre *Erkenntnis* e *Kunst* seria uma maneira simpática e eficaz de reagir ao conteudismo que tanto prejudica a recepção da obra de arte, se o modo como é feito não se confundisse com a defesa da apatia, do alheamento ante a realidade presente; com o conservadorismo, em suma. Para que essa superposição não ocorresse, seria necessário ainda diferençar a quietude que provoca a invenção artística daquela que provoca a indiferença, em seu receptor, ante a desigualdade entre as classes componentes da sociedade humana. Se não o fazemos, a arte ("ou (...) qualquer outro recurso") se torna um meio justificador da indiferença ante a vida dos demais.

É bastante provável que o ensaio seguinte, o mais longo e importante nesta coletânea, ofereça condições para essa correção. Não que ela seja feita – o que tornaria ocioso o ensaio anterior. Resumo-o, em termos o quanto possível econômicos, para que sirva de auxílio para um raciocínio rico e complexo.

O ensaio começa por chamar a atenção para o papel central que, nos dois últimos séculos, o conceito de *sentido* tem desempenhado na filosofia ocidental. Apesar da variedade de acepções com que o termo é usado, ele sempre funda o horizonte da relação entre sujeito e objeto. Dentro dessa relação, a afirmação do sentido se encaminha para *produção de sentido*, o que vale dizer, se encaminha para a ativação da consciência. Além do limite temporal, há pouco referido, a centralidade do sentido serve por um lado, de subsolo para a metafísica e, por outro lado, para a produção de efeitos no sujeito.

O que esboço nas poucas frases anteriores, serve de preâmbulo para introduzir o pensamento de Heidegger, que será o esteio do desenvolvimento promovido por Gumbrecht. Dito de maneira mais explícita: ele serve de abertura para que se discuta *a possibilidade de evitar a produção de sentido, em nossas relações com o mundo*. O argumento tem sua vasta complexidade abrandada pelo recurso à comparação do pensamento heideggeriano com sua vertente não ocidental. Para tanto, nosso autor ressalta o ensaio em que Heidegger discute a conversa mantida com um germanista japonês, o professor Tezuka, que o visitara em sua cabana, na Floresta Negra. O texto, escrito entre 1953-54, se intitula "De uma conversa sobre a linguagem – entre um japonês e um interrogante" ("Aus einem Gespräch von der Sprache – zwischen einem Japaner und einem Fragenden"), foi incluído em *Unterwegs zur Sprache (Rumo à linguagem)*, de 1959.

Àquele que pergunta, i.e., ao próprio Heidegger, importa indagar sobre a problematização do nada, no pensamento japonês (mais genericamente, oriental). Em vez de confundido com o vazio, como entre nós sucede desde os pré-socráticos, o nada, no pensamento oriental, se remete ao nirvana. Com isso, a questão do sentido ganha uma dimensão que, nós, ocidentais, ignoramos. O ensaio de Gumbrecht nos possibilita entendê-lo por duas maneiras:[1] ou pela citação de Peter Fuchs – o nada, no nirvana, equivale a afirmar "a ausência de cirurgia hermenêutica" – ou, pela transcrição de um sermão de Buda: "Há uma esfera, monges, onde as coisas não são sólidas nem fluidas, onde não há calor nem movimento, tampouco esse mundo tampouco aquele mundo, nem sol, nem lua. Isso, monges, eu chamo nem ir nem vir, nem nascer nem morrer. É sem princípio, sem desenvolvimento, sem apoio. E isso é exatamente o fim do sofrimento" (p. 49).

A subserviência manifestada pelo germanista japonês não satisfazia a curiosidade de Heidegger. Para que a conversa adquirisse interesse, a ponto de Heidegger incluí-la posteriormente

1. A comparação com o pensamento oriental não é um recurso aleatório ou muito menos arbitrário. Mostra-o as duas obras de referência sistemática ao pensamento de Heidegger: o *Handbuch Heidegger. Leben – Werk – Wirkung*, com o verbete "Das ostasiatische Denken. Annäherungen zwischen fremden Welten", da autoria de Rolf Elberfeld, 2013. p. 487-490 e *The Cambridge companion to Heidegger*, com o verbete de Michael E. Zimmerman: "Heidegger, budhism, and deep ecology", 2006. p. 293-325.

em uma reunião de ensaios de sua autoria, foi necessário que ele se recordasse de outro japonês, o conde Shuzo Kuki, que, tendo vivido na Europa, entre 1921 e 1929, quando frequentou universidades francesas e alemãs, esteve com Heidegger e escreveu, ao voltar ao Japão, um livro, no qual procura interpretar a arte japonesa em termos estéticos, ou seja, ao modo europeu. Gumbrecht cita seu livro, *Reflexões sobre o gosto japonês. A estrutura do iki*, em tradução para o inglês.

Trazer o contato passado com Shuzo Kuki e seu livro ao diálogo de então não significa que Gumbrecht o faça com a gravidade que se poderia esperar. Ao contrário, a referência aos encontros tidos com o conde é eventualmente marcada pelo tom de gracejo e ironia: "(...) Há um alívio cômico considerável em imaginar como o filósofo da Floresta Negra caiu na lábia de um impostor intelectual tão admirável e ousado quanto Kuki Shuzo" (p. 58). Contudo, o reparo não reduz as conversas com Kuki a algo banal e corriqueiro. Ao contrário, elas abrem trilhas de aproximação ao pensamento japonês, que servirão ao interrogante, em sua busca constante de destruição da metafísica. Daí parte a aproximação, da responsabilidade de Gumbrecht, entre o nirvana, em sua já notada complexa entropia, e o conceito heideggeriano de duplicidade – simultaneidade não metafísica entre Ser e ente (*Sein* e *Seiend*) –, aproximação que implica, nas palavras do ensaísta, "a não distinção entre aquilo que está presente e o que está ausente" (p. 63).

A duplicidade do Ser, com sua simultaneidade entre presença e ausência, conduz o Ser heideggeriano à epifania. É como epifania que Gumbrecht interpreta as manifestações, na experiência estética, do "gesto", da "graça", da "alusão": "Todos os três termos mostram uma forma. Eles todos são – em modos diferentes – incorporações da forma que eles fazem aparecer. Eles são todos momentâneos. Uma forma de unificar essas três observações seria, portanto, dizer que graça, gestos e alusões, assim como a linguagem poética, são todos instâncias da emergência da incorporação da forma – instâncias nas quais a emergência da incorporação da forma anda de mãos dadas com seu desaparecimento" (p. 66).

Demoramo-nos na explicação, porque, embora uma barreira se interponha entre os pensamentos de Heidegger e o oriental, ela acentua aquilo em que assenta a ênfase, assumida pelo Gumbrecht dos últimos anos, na caracterização do que ele vem chamando de *presença*, na experiência estética. Apenas de passagem, assinalo uma questão que mereceria um estudo demorado: havendo principiado sua carreira docente como medievalista e, ao se transferir para Stanford, incorporando-se aos estudos comparatistas, durante muitos anos nosso autor intercalou suas abordagens literárias com os mais variados assuntos. Sua ênfase recente na *presença* parece indicar seu reenlace com os estudos literários, em uma base, portanto, completamente refeita.

Se a observação estiver correta, ela significa que a religação com a literatura ainda se encontra em processo. O ensaio destacado parece demonstrar que o centro na *presença* se respalda no pensamento de Heidegger, sobretudo o posterior ao *Sein und Zeit*, que lhe serve para distanciar-se da versão ocidental da estética, por enfatizar o entendimento do Ser como algo aproximável ao misto de presença e ausência do nirvana oriental. Daí oriunda o relacionamento que estabelece do fenômeno estético da graça

(*Anmut*) com os efeitos de *Anwesend* (presença), *Entzücken* (deleite) e *Entziehen* (retirada ou supressão).

Reatando o último desenvolvimento com o começo desta introdução: a arte ofereceria, conforme a visão que Sepp Gumbrecht passa a desenvolver, a resposta à experiência de mundo não mais reduzida à produção de sentido. Na arte, essa produção, por certo, não deixa de ocorrer, porém não mais em uma relação redutora, porquanto também supõe a simultaneidade de sua negação (a retirada de sentido). Em palavras mais simples, a arte tem sentido e o estimula, mas não se resume à sua produção, porque sua construção independe do instrumento produtor por excelência de sentido, o conceito.

A nota introdutória que se acaba de ler não tratou senão dos dois primeiros ensaios. Não trata do terceiro, "A poesia como modo de atenção" porque, compreendendo o leitor o trajeto do longo ensaio anterior, seu entendimento não apresentará dificuldade. Diria mesmo que sua acessibilidade independe da reflexão que se efetua sobre aquele. Já os dois últimos ensaios podem ser resumidos a uma curta observação: são recordações autobiográficas relativas ao medievalista Paul Zumthor e a Hans Robert Jauss. Por seu próprio caráter, eles não precisam de apresentação.

Rio de Janeiro, junho de 2016.

REFERÊNCIAS

THOMÄ, D. *Heidegger Handbuch. Leben – Werk – Wirkung*. Stuttgart – Weimar: J. B. Metzler, 2. ed., 2013.

GUIGNON, C. B. *The Cambridge companion to Heidegger*. Cambridge: Cambridge University Press, 2. ed., 2006.

APRESENTAÇÃO

Mariana Lage[1]

É comumente referido o caráter multifacetado dos interesses e da escrita acadêmica de Hans Ulrich Gumbrecht, um intelectual de muito vigor e entusiasmo, com uma ampla produção, quase exaustiva (sua lista bibliográfica beira a 90 páginas). Ex-medievalista, filólogo, historiador, crítico literário, filósofo "amador" (como frequentemente refere-se a si mesmo), Gumbrecht escreve e se debruça sobre os mais variados temas e pensadores, como Martin Heidegger, Denis Diderot, Walter Benjamin, Jacques Derrida, Niklas Luhmann, Heinrich von Kleist, Friedrich Kittler, Paul Zumthor, Reinhart Koselleck, entre tantos outros, escrevendo com frequência sobre fenômenos que vão da Idade Média aos dias atuais. Em meio a esse intenso

1. Pós-doutoranda em Filosofia na Universidade Federal do Pará (UFPA), bolsista PNPD/Capes. Doutora e mestre em Estética e Filosofia da Arte pela UFMG, orientada por Virginia Araújo Figueiredo, fez doutorado-sanduíche em Stanford, onde foi coorientada por Hans Ulrich Gumbrecht. Sua tese de doutoramento tratava dos conceitos de presença e performance em Paul Zumthor e Hans Ulrich Gumbrecht como modalidades da experiência estética contemporânea.

mar de produção intelectual, esta seleção de ensaios e artigos busca enfocar a emergência do tema da produção de presença em seu pensamento, disponibilizando, em português, parte de seus trabalhos, visivelmente influenciados pelo conceito de *Gelassenheit*, de Martin Heidegger. Publicados entre 1998 e 2015, estes cinco textos aqui reunidos expõem não somente o crescendo da *presença* em seus escritos como também dão pistas de seus caminhos e intuições, como é o caso, por exemplo, do artigo de 1998, em que trata do medievalista Paul Zumthor, por quem nutria uma enorme admiração intelectual.

Escrito pouco depois da morte de Zumthor (1915-1995), para uma coletânea de ensaios em sua homenagem, Gumbrecht não apenas discorre sua admiração incomensurável pelo colega e amigo, mas também demonstra (mesmo que implicitamente) a influência que o medievalista suíço exerceu sobre seu pensamento mais recente, quando aborda, especialmente, presença, performance, plenitude e a dimensão espacial que tanto importava nas pesquisas de Zumthor. Na abordagem de Gumbrecht sobre a obra do medievalista, surpreendentemente, está lá o que ele mesmo chama de "filosofia da presença e da plenitude", apresentada como um "sintoma" de um momento atual (leia-se: anos de 1980 e de 1990) de superação do construtivismo, em prol de um desejo, como o autor chama, mais "ontológico", isto é, uma relação mais corpórea com o espaço habitado e com as coisas do mundo, "de encontrar uma conexão de imediaticidade com a 'realidade'".

É possível dizer, portanto, que o momento de transição no trabalho de Zumthor – momento em que deixa o estruturalismo e a semiótica como métodos exclusivos de análise e amplia o espectro de leituras e teorias, a fim de abordar seu objeto de estudo, isto é, a poesia oral medieval – parece também demarcar uma transição para Gumbrecht: uma transição em direção à intensidade, à presença e à plenitude na relação com o mundo. É por volta de fins da década de 1970 que Zumthor percebe uma lacuna determinante em sua abordagem: a materialidade daquilo que pesquisa, isto é, a vocalidade. Se o objeto sobre o qual se debruçava era a poesia oral dos séculos IX ao XII, analisar as estruturas e esquemas escritos dos trovadores poderia ser apenas pista de algo mais concreto que havia se perdido: a performance da fala, o engajamento do corpo do poeta e do ouvinte e a copresença em um aqui-agora específico e irreprodutível da comunicação oral. Naquele momento, Zumthor se abre para a antropologia, a etnografia, as pesquisas do folclore, além de medicina, fonética e linguística, chegando a viajar, entre outros lugares, pela África e pelo Nordeste brasileiro, para realizar pesquisas de campo.

Ao se dedicar às diversas manifestações de poesia oral, em culturas arcaicas ou contemporâneas, Zumthor chegou ao conceito de performance como termo que especifica o momento irrepetível, dinâmico e corpóreo em que a poesia se torna obra viva, a voz encarnada em um corpo, emanada e sentida no espaço físico, na presença de intérpretes e ouvintes. Nota-se, portanto, que, apesar de a voz poder trazer a ideia de uma fisicalidade impalpável (típica característica do som, que nos toca, apesar de imaterial), é ela mesma que traz uma nova abordagem de engajamento corporal como momento privilegiado da conformação poética. Debruçando-se sobre a poesia medieval, tratava-se, para ele, de abordar como a emergência e a apreensão da forma poética são influenciadas pela característica específica da voz: o som, o corpo, a ação, o gesto. Foi a respeito dessas investigações que formulou o entendimento da poeticidade como corporeidade. Nesse mesmo período, a propósito de sua aposentadoria, escreve o livro *Falando da Idade Média*, em que analisa e revisa o trabalho do medievalista diante das fontes do passado. Há, também aí, a presença determinante do espaço, da sensorialidade e do prazer, como elementos que revelavam a transição de abordagens e métodos. Nesse livro, Zumthor se refere a uma intuição de Gumbrecht a respeito da canção trovadoresca. A partir dessa referência e com uma troca de correspondências, Zumthor deixa de ser tão somente uma referência de destacada importância acadêmica para aquele que iniciou sua carreira como medievalista. Nesse momento, se estabelece entre eles uma relação de amizade e de diálogo intelectual que permaneceu até o fim da vida de Zumthor. Na leitura do artigo de Gumbrecht a respeito do medievalista suíço, é possível ver como a presença intelectual de Zumthor perdura e se prolonga em seus trabalhos.

Quando Gumbrecht trata do tema da presença, plenitude e espaço em Zumthor, podemos ver também a presença de Heidegger: a tentativa de pensar academicamente para além da metafísica e em novos parâmetros. Quando pensa sobre um aspecto filosófico na obra de Zumthor, descobre ali (ou desvela) a filosofia da presença e da plenitude. Se Zumthor desenvolve o entendimento, por meio da voz e da performance, da poeticidade como corporeidade, Gumbrecht encontrará no trabalho do amigo a força da evocação, a intensidade com que a forma poética afeta o ouvinte, de um modo até erotizante. Também, em

Zumthor, encontra-se um tema importante para Gumbrecht: a capacidade de evocação do passado, uma evocação como presentificação – tema presente, em especial, nos trabalhos *Em 1926* e *Produção de Presença*. Como escreve no "Manual do usuário", de *Em 1926*, se não mais alimentamos a esperança de "aprendermos com o passado" (tema basilar também em *Depois de 1945*, de 2013, e *Nosso presente amplo*, de 2014), "trata-se de imaginar como o passado 'era' antes de começar a pensar possíveis formas de representá-lo" (1997, p. IX), e no processo de representá-lo, de torná-lo presente para nós, repensar os meios e os fins não só da escrita da história, mas da produção de conhecimento. Para Gumbrecht, essa conjuração, ou "evocação-por-incorporação", possibilita que tenhamos uma experiência (e a escolha desse termo é deliberada) do mundo "anterior ao nosso nascimento",[2] que "falemos com os mortos", ou ainda,

> em vez de perguntar por um sentido, a presentificação empurra noutra direção. O desejo de presença nos leva a imaginar como nós teríamos relacionado intelectualmente, e os nossos corpos, com determinados objetos (em vez de perguntar o que esses objetos 'querem dizer') se tivéssemos encontrado com eles nos seus mundos cotidianos históricos. (...) Esse é o primeiro passo para 'lidar com as coisas do passado'. Aqui cito o prefácio da

2. Ainda sobre a presença de Zumthor como uma influência em Gumbrecht, é curioso lembrar que o livro de Zumthor, *A Holanda no tempo de Rembrandt* (São Paulo: Companhia das letras, 1988) [*La Vie quotidienne en Hollande au temps De Rembrandt* (1960)], ficou conhecido por ter sido capaz de capturar dimensões sensoriais da vida cotidiana do século XVII, livro que, em conversas de orientação, Gumbrecht elogiava com frequência quando tratávamos sobre Zumthor.

Crónica General castelhana do século XIII, 'como se estivessem em nosso mundo'. (2010, p. 155)

Desse modo, para os pesquisadores interessados no trabalho mais recente de Gumbrecht em torno da presença, esses artigos dão pistas e apontam direções importantes de como o tema se abre e se desenvolve, quais caminhos trilha, já que a escrita acadêmica de Gumbrecht é mais ensaística e pontuada por passagens autobiográficas de âmbito intelectual (e alimentada por seu entusiasmo) do que sistematicamente preocupada com desenvolvimento de conceitos, exposição detalhada e exegética dos autores e temas que o influenciam. Não é que a fundamentação não exista; trata-se de dizer que a preocupação tipicamente acadêmica (e tão comum no Brasil) de exegese conceitual (exaustiva) não é algo que o preocupa em demasia. Por isso, ter disponível em português outros ensaios, muitos deles pouco conhecidos, em que o autor trabalha o tema a partir de outros referenciais e com outros conceitos principais deve servir, acredita-se, para ampliar e complexificar o entendimento de seu pensamento em torno da produção de presença. Nesse sentido, este livro se dedica a quem está propriamente interessado na fundamentação filosófica do trabalho mais recente de Gumbrecht. Não porque os artigos ofereçam, já pronto, o fundamento, mas dão pistas de como (re)construí-lo. Nesses artigos, encontra-se, em especial, desde 1998, a presença como modo não hermenêutico de relacionar-se com o mundo, uma presença fortemente enraizada na *Gelassenheit* de Heidegger e, como se pode notar no artigo "Presença e plenitude", na importância que o espaço e o engajamento do corpo adquirem no conceito de performance de Zumthor, com seus estudos sobre a poesia vocal.

Outro fator digno de nota – e quiçá de futuras pesquisas acadêmicas – é a presença do "Outro" japonês, ou de modo geral, da cultura asiática como encontro epifânico que desperta e fomenta suas leituras e apropriações da *Gelassenheit* como modo de se aproximar de uma relação não hermenêutica com o mundo. Aqui, a experiência do autor com uma apresentação do teatro Nô e Kabuki é o momento epifânico do entendimento sobre o desvelamento do Ser heideggeriano e da *Gelassenheit* como disposição vivencial, como atitude de calma compostura (como frequentemente traduz para o inglês o termo alemão), ou ainda, como atitude adequada de deixar as coisas apareceram como são. Se, desde *Em 1926*, seu primeiro livro escrito em solo estadunidense, Gumbrecht estava pensando sobre o que fazer com a história, uma vez que não mais podemos aprender com ela, se ele estava preocupado em "conjurar o passado" e torná-lo presente, com a epifania do desvelamento do Ser proporcionado pelo teatro Nô e Kabuki, a produção de presença se torna o momento "infinitamente breve" em que as coisas se revelam para nós, se tornam presentes, ocupam espaço, nos tocam e produzem a sensação de "*es stimmt*" (cf. Gumbrecht, 2014, p. 9-33), ou, como descrito no artigo sobre Heidegger e seu interlocutor japonês, a percepção também bastante breve e evanescente de não distinção entre Ser e entes, entre Ser e Nada, entre a forma e o vazio.

O artigo "Da hermenêutica edipiana à Filosofia da Presença" foi escolhido tendo em vista a rememoração "genealógica" de seus antepassados acadêmicos. Gumbrecht chega ao ponto de assumir Heidegger não só como seu autor referencial principal, mas como espécie de "bisavô" acadêmico, tendo em vista que, nessa linhagem, Hans Robert Jauss, seu *Doktorvater*, estudou com Gadamer, que estudou, por sua vez, com Heidegger. Assim, Gumbrecht, ex-medievalista e historiador, se inscreve na tradição filosófica da fenomenologia hermenêutica, ainda que, assumidamente, seu impulso (edipiano) seja, desde seus últimos anos como professor assistente em Constança (1971-1974), o de desconstruir a hermenêutica e criticar os excessos da interpretação, em especial, nas Humanidades e no âmbito da cultura. Contudo, vemos também que é com Heidegger que o autor caminha na tarefa de pensar filosoficamente para além da metafísica, e o limite da metafísica é um desses temas que retorna com frequência em seus escritos – o exemplo principal aqui é o artigo "Martin Heidegger e seu interlocutor japonês". Nesse sentido, além da "miséria do construtivismo", termo que aparece com recorrência nestes ensaios, outra presença marcante no desenvolver do trabalho de Gumbrecht após 1989 (isto é, após sua mudança para a Califórnia) é a sensação, vivida em especial no meio da teoria literária e da literatura comparada, de uma "ressaca interpretativa" (tema que, diga-se, toma boa parte do livro *Produção de Presença*).

Por falar em fenomenologia, a presença, também implícita, de Edmund Husserl aparece no artigo "Como se aproximar da 'poesia como modo de atenção'?". A propósito, a importância do conceito de atenção de Husserl para Gumbrecht é algo apenas nomeado, seja em artigos, seja em conversas de orientação e em palestras acadêmicas, e é raras vezes detalhado pelo próprio autor; assunto que renderia boas e oportunas pesquisas. Claro, mais uma vez, a escrita em torno da atenção nos lembra do "estar perdido em uma intensidade concentrada", termo que Gumbrecht usa para falar da produção de presença e dos efeitos de epifania e graça ao assistir a espetáculos de dança e a jogos esportivos.

A ousadia de Gumbrecht, como a de Zumthor, não vem sem preço. No Brasil, tornou-se comum certa resistência à produção mais recente do autor, em especial de estudiosos mais ortodoxos da teoria literária, que encontram nessa fase nada mais que modismo, acomodação ou hedonismo.[3] Apesar disso, ele continua sendo lido, provocado e ampliado em pesquisas acadêmicas, nos departamentos de História, Filosofia e Artes, que reconhecem nele essa realização constante do "pensamento de risco", como propõe com frequência a respeito da tarefa das Humanidades no novo milênio, ou um pouco de "imaginação crítica", expressão usada por Zumthor para saudar o trabalho intelectual mais guiado por intuições e entusiasmo, mais aberto ao sensório, do que regido por velhos métodos conhecidos e por uma objetividade rígida, contudo, sem deixar o rigor e a erudição de lado.

Como uma boa leitura de Heidegger pode revelar, quietude, serenidade ou calma compostura não significam, de modo algum, indiferença ou apatia. Pensar em um modo de se relacionar com o mundo a partir da presença tampouco leva à implosão da interpretação, à recusa ao sentido e/ou ao conhecimento

3. Como, por exemplo, alguns dos artigos que compõem as edições Garcia; Villacañas Berlanga. *La ontologia de la presencia: aproximación a la obra de Hans Ulrich Gumbrecht*. Valencia: Kyrios, 2012 e Mendes, V. K; Rocha, João Cezar. (ed.). *Producing presences: branching out from Gumbrecht's work*. Dartmouth: University of Massachusetts, 2007.

crítico. Trata-se, para usar uma expressão de Heidegger, de deixar-se às coisas do mundo em uma atitude que permite que elas apareçam, se revelem como são; uma abertura não guiada por intenções, conceitos ou conclusões prévias. *Gelassenheit* em Heidegger é justamente o conceito em que o filósofo se debruça como disposição para um pensar não calculador ou técnico, um pensar criativo e poiético, capaz de relevar ao homem a essência da técnica assim como possibilitar pensar o impensado – e não apenas, como é tão comum na academia, repetir o que já foi dito por outros, algo que também já cansava Heidegger, por volta da década de 1930.[4] Um estudo mais aprofundado sobre o conceito demonstra que não se trata de passividade, mas de uma vontade não volitiva,[5] isto é, superar o domínio da vontade e, em uma espécie de aguardamento (*Warent*), permitir – ou deixar (*lassen*) – que as coisas, em seu próprio desvelar, ampliem o campo da nossa inteligibilidade – como é a busca de Heidegger em todo o *Conversas no caminho do campo* (*Feldweg-Gespräche*, escritos entre 1944 e 1945).

Embora se configure como uma vontade não volitiva, Heidegger demonstra, nas três conversas no caminho do campo, de *Feldweg-Gespräche*, que o pensamento que medita não é algo natural e espontâneo ou ao acaso, mas que exige treino e esforço, ao mesmo tempo que demanda uma atenção e entrega

4. Ver Heidegger, M. *Carta sobre o Humanismo* (São Paulo: Abril, 1973), *Feldweg-Gespräche* (*Country path conversations*. Bloomington: Indiana University Press, 2010), *Was heißt Denken* (*What is called thinking?* New York: Harper & Row Publishers, 1968) e *Gelassenheit* (*Serenidade*. Lisboa: Instituto Piaget, 2001).

5. Ver, em especial, Davis, Bret. *On the way to Gelassenheit. Heidegger and the Will*. Evanston, Illinois: Northwestern University Press, 2007.

ao próprio processo (no caso, à conversa que se desenrola ao caminhar). O pensamento que medita "carece de cuidados ainda mais delicados do que qualquer outro verdadeiro ofício. Contudo, tal como o lavrador, também tem de saber aguardar que a semente desponte e amadureça" (2001, p. 14). Em *Carta sobre o Humanismo*, Heidegger também se opõe ao pensamento calculador e propõe o exercício de um pensar criativo, que se manifestaria por meio de simplicidade e humildade. Em um trecho desse texto de 1946, Heidegger diz que se a verdade do Ser vem à linguagem e que se o pensamento se atém à linguagem, "talvez a linguagem então exija muito menos a expressão precipitada que o devido silêncio" (1973, p. 362). Vale lembrar que a relação paradoxal entre linguagem, silêncio e pensar o impensado retorna ao final do ensaio "De uma conversa sobre linguagem entre um japonês e um indagador",[6] momento em que Heidegger aponta que apenas um pensar conduzido pela escuta e pelo silêncio, e por uma calma compostura, poderia conduzir o homem à experiência da não distinção entre Ser e Nada, entre Ser e entes.

Em oposição ao pensar meditativo, o pensamento calculador é movido por planos e metas, condições prévias e resultados estabelecidos de antemão. Mesmo que, diz Heidegger, não opere com a máquina de calcular, o "pensamento que calcula (*das rechnende Denken*) faz cálculos. (...) O pensamento que calcula corre de oportunidade em oportunidade. O pensamento

6. Heidegger, M. "De uma conversa sobre a linguagem entre um japonês e um pensador". In: *A caminho da linguagem*. Tradução Marcia Sá Cavalcante Schuback. Petrópolis: Vozes; Bragança Paulista: Editora Universitária São Francisco, 2003.

que calcula nunca para, nunca chega a meditar. O pensamento que calcula não é um pensamento que medita (*ein besinnliches Denken*), não é um pensamento que reflete (*nachdenkt*) sobre o sentido que reina em tudo o que existe" (2001, p. 13). Ao longo das conversas, Heidegger demonstra que o pensamento meditativo acontece por aproximação de uma região, uma abertura atenta e relaxada (se quiser, serena e em calma compostura) para o que está mais próximo de nós.

> Porque o caminho para o que está próximo é para nós, homens, sempre o mais longo e, por isso, o mais difícil. Este caminho é um caminho de reflexão. O pensamento que medita exige de nós que não fiquemos unilateralmente presos a uma representação, que não continuemos a correr em sentido único na direção de uma representação. O pensamento que medita exige que nos ocupemos daquilo que, à primeira vista, parece inconciliável. (Heidegger, 2001, p. 23)

De grande complexidade, o pensamento de Heidegger em torno da *Gelassenheit* se relaciona com a abertura ao mistério,[7] o questionamento da técnica e a possibilidade de um novo enraizamento (*Bodenständigkeit*) no mundo.

Retornando, portanto, a Gumbrecht, é emblemática a recorrência de um exemplo a respeito da experiência de *Gelassenheit* como desvelamento da não distinção: o poema "Morte" de García Lorca. Na mesma direção, é curioso notar que também em Zumthor, Gumbrecht encontra esse desejo de plenitude

7. "O que, deste modo, se mostra e simultaneamente se retira é o traço fundamental daquilo a que chamamos o mistério. Denomino a atitude em virtude da qual nos mantemos abertos ao sentido oculto no mundo técnico a abertura ao mistério (*die Offenheit für das Geheimnis*)" (Heidegger, 2001, p. 25).

com as coisas do mundo concretizado na relação de um ramo de árvore com o céu. Se podemos assim resumir, tão prosaicamente, o desejo inscrito da *Gelassenheit* como uma disposição para uma vivência (*Erlebnis*) estética, o desejo por uma arte que pudesse nos "dar um tempo" da produção de conhecimento, de transformação progressiva e de acúmulo de informação, é o desejo de fazer parte do mundo. No primeiro artigo, em que apresenta a intuição sobre "ficar quieto por um momento" – que aparecerá melhor desenvolvida em *Produção de Presença* –, Gumbrecht escreve: "Se pudéssemos algum vez 'ver' o Ser, i.e., se pudéssemos alguma vez ver o mundo alheio a interpretações, significados e linhas divisórias (mas não podemos), nós nos tornaríamos parte dele – e então nos tornaríamos tão quietos e em calma compostura quanto o arco de gesso do poema de García Lorca". Aqui, a arte e a vivência (*Erlebnis*) estética[8], para Gumbrecht, se aproximaria do pensar meditativo que Heidegger propõe por meio da *Gelassenheit*: "em contraste com o trabalho das ciências, com seus resultados mensuráveis e efetividade tecnológica, o pensar meditativo da filosofia é 'imediatamente inútil, embora conhecimento soberano a respeito da essência das coisas' (GA 45: 5)".[9] Como explica Bret Davis (2010, p. 5), tradutor estadunidense de Heidegger e especialista na relação do filósofo com o pensamento oriental, o pensar em Heidegger não se refere a um processo de "realizações" e conquistas "dentro

8. Sobre a diferenciação entre *Erlebnis* e *Erfahrung* na descrição de Gumbrecht para a vivência estética, no lugar de experiência estética, ver subtópico "*Erfahrung* & *Erlebnis*", na tese "Tônus da presença: experiência estética como jogo, quietude e contingência" (UFMG, Belo Horizonte, 2015).
9. Davis, Bret (ed.). *Martin Heidegger key concept*. Durham: Acumen Publishing Limited, 2010. p. 5.

de um horizonte de inteligibilidade, mas antes uma espécie de 'agradecimento e atenção' por meio dos quais tal horizonte é primeiramente delimitado dentro do horizonte aberto do ser (GA 77: 99-100)." Contudo, como se vê em Heidegger e também em Gumbrecht, o desvelamento do Ser e a vivência estética são sempre um acontecimento, um breve instante, um lampejo, que se retira na mesma medida em que aparece – o que em Gumbrecht vai derivar a importância de outros conceitos, como graça (*Anmut*)[10] e epifania.

Complementando esta série de artigos, há, ao final, uma entrevista com Gumbrecht realizada por e-mail, em duas etapas, em abril de 2015 e junho de 2016. As perguntas tocam os temas de pesquisa recentes do autor, os quais permeiam esse livro. Nas respostas, Gumbrecht volta a tratar de poesia, ritmo, presença, performance e serenidade, expondo facetas ainda não tão explícitas de seu pensamento, além de revelar as leituras atuais e o livro por vir; sobre Denis Diderot e uma faceta como que subcutânea do Esclarecimento, hipótese que trabalhou em seu seminário de pesquisa "Explosions of Enlightenment", entre janeiro e março de 2014, na Universidade de Stanford.

Esta apresentação – assim como a seleção dos artigos – intencionou tão somente apontar pistas de um caminho em uma senda de múltiplos acessos ao pensamento de Gumbrecht. Que o leitor encontre, em linhas e entrelinhas, em caminhos e pistas, entre alusões e intuições, o seu próprio Gumbrecht.

10. Ver em especial Gumbrecht. Especial Kleist por H.U. Gumbrecht. *Floema - Caderno de Teoria e História Literária*; ano IV, n. 4A, out. 2008; e Gumbrecht. *Graciosidade e estagnação*: ensaios escolhidos. Rio de Janeiro: Contraponto; PUC-Rio, 2012b.

DAVIS, Bret. *Heidegger and the Will. On the way to Gelassenheit.* Evanston, Illinois: Northwestern University Press, 2007.

DAVIS, Bret (ed.). *Martin Heidegger key concept.* Durham: Acumen Publishing, 2010.

GARCIA, Antonio Rivera; VILLACAÑAS BERLANGA, J.L. *La ontología de la presencia: aproximación a la obra de Hans Ulrich Gumbrecht.* Valencia: Kyrios, 2012.

GUMBRECHT, H. U. *In 1926: living in the edge of time.* Cambridge, Massachusetts: Harvard University Press, 1997.

________. Especial Kleist por H.U. Gumbrecht. *Floema - Caderno de Teoria e História Literária*, ano IV, n. 4A, out. 2008.

________. *Produção de Presença. O que o sentido não consegue transmitir.* Rio de Janeiro: Contraponto; Ed. PUC-Rio, 2010.

________. *Graciosidade e estagnação: ensaios escolhidos.* Tradução Luciana Villas Boas e Markus Hediger. Rio de Janeiro: Contraponto; Ed. PUC-Rio, 2012.

________. *Atmosfera, ambiência, Stimmung: sobre um potencial oculto da literatura.* Tradução Ana Isabel Soares. Rio de Janeiro: Contraponto: Ed. PUC-Rio, 2014.

________. *After 1945. Latency as Origin of the Present.* Stanford: Stanford University Press, 2013.

________. *Our Broad Present: time and contemporary culture.* Stanford: Stanford University Press, 2014.

HEIDEGGER, Martin. *What is called thinking?* Tradução de Fred D. Wieck e J. Glenn Gray. New York, Evanston, London: Harper & Row Publishers, 1968.

________. *Carta sobre o humanismo.* Tradução de Ernildo Stein. Coleção "Os Pensadores". São Paulo: Abril, 1973.

________. *Serenidade.* Tradução de Maria Madalena Andrade. Lisboa: Instituto Piaget, 2001.

________. *A caminho da linguagem.* Tradução Marcia Sá Cavalcante Schuback. Petrópolis: Vozes; Bragança Paulista: Editora Universitária São Francisco, 2003.

________. *Country Path Conversations.* Traduzido por Bret W. Davis. Bloomington: Indiana University Press, 2010.

MENDES, Victor K; ROCHA, João Cezar de Castro (ed.). *Producing presences: branching out from Gumbrecht's work.* Dartmouth: University of Massachusetts, 2007.

MIRANDA, Mariana Lage. *Tônus da presença: experiência estética como jogo, quietude e contingência.* Belo Horizonte, UFMG, 224f. Tese (Doutorado em Filosofia) - Programa de Pós-Graduação em Filosofia, Universidade Federal de Minas Gerais, Belo Horizonte, 2015.

ZUMTHOR, Paul. *Escritura e nomadismo: entrevistas e ensaios.* Tradução Jerusa Pires Ferreira, Sonia Queiroz. Cotia-SP: Ateliê Editorial, 2005.

________. *Performance, recepção, leitura.* Tradução de Jerusa Ferreira. São Paulo: Cosac Naify, 2007.

________. *Falando da Idade Média.* Tradução de Jerusa Ferreira. São Paulo: Perspectiva, 2009.

________. *Introdução à poesia oral.* Tradução de Jerusa Ferreira et alii. Belo Horizonte: Editora UFMG, 2010.

FICAR QUIETO POR UM MOMENTO

1.

Se Arte tem a ver com a produção ou aquisição de Conhecimento ("*Erkenntnis*" é a palavra), esta é uma pergunta que não me parece uma grande questão – uma vez que produzirá uma infinidade de respostas, e todas elas, para piorar a situação, serão aceitáveis. Toda e cada resposta dependerá, como sempre, de como se define previamente "*Kunst*" (Arte) e "*Erkenntnis*" (Conhecimento). Contudo, uma vez que os dois conceitos são vastos (no sentido tanto de serem carregados de ricas histórias quanto de serem muito vagos), podemos acabar diante de uma situação de "vale tudo" – o que é uma situação emblemática do que chamo de "a miséria do construtivismo". Enquanto essa situação de "vale tudo" poderia ser boa o bastante para o gênero de *Festschrift*

("Celebração"),[1] acredito que Siegfried[2] merece algo melhor da minha parte. Melhor (no sentido de mais interessante) seria perguntar como alguém *gostaria* de estabelecer a relação entre Arte e (a produção/aquisição de) Conhecimento. Isso transforma, admito, a discussão em uma pergunta inevitavelmente pessoal – e respondê-la com minha opinião não implica em uma busca para que todos concordem comigo. Por que digo, então, que a questão é mais interessante se tomada no sentido pessoal? Quem se importaria com o modo como estabeleço a relação entre Arte e Conhecimento? Bem, antes de tudo, torna-se interessante para mim, porque, acredite ou não, enquanto escrevo estas linhas, me dou conta de que ainda não havia me posto essa pergunta de modo pessoal. Enquanto a pergunta inicial genérica me enredaria em uma rede infinita de definições e em uma agenda intelectual do tipo "condições de possibilidade", a questão pessoal me obriga – mais imediatamente, ao menos, do que a genérica – a tratar da experiência estética "propriamente dita".

1. Este ensaio de Gumbrecht faz parte de uma homenagem *online* [o *site* http://www.sjschimdt.net] em comemoração aos 60 anos de vida de Siegfried J. Schmidt. Na homenagem, 50 autores das áreas de artes e ciências foram convidados a escrever sobre ou estabelecer diálogo com o trabalho do filósofo e teórico literário alemão. O *site* foi lançado em outubro de 2000. Essa é a primeira vez que este ensaio de Gumbrecht aparece em formato impresso e em português. (N.T.)

2. Siegfried J. Schmidt é professor emérito e lecionou filosofia, linguística, estudos literários e teorias da comunicação nas universidades de Karlsruhe, Bielefeld, Siegen e Münster, na Alemanha. Na década de 1980, desempenhou papel determinante no desenvolvimento do construtivismo radical. Elaborou o campo de estudos que nomeou como "literatura empírica" e é considerado um dos mais importantes filósofos da mídia na Alemanha. (N.T.)

2.

Todavia, preciso fazer apenas uma observação sobre definições. É claro que podemos descrever o sentido de *Erkenntnis* em uma miríade de formas – e, nesse sentido, até "experiência sensual" e "percepção sensorial" poderiam vir à mente aqui. No entanto, não acredito que sentidos excêntricos como esses funcionam quando relacionados à palavra alemã *Erkenntnis*. Há dois elementos na definição de *Erkenntnis* sobre os quais gostaria de insistir, e ambos fazem com que o conceito pareça bem pouco sofisticado. Primeiramente, entendo que, sempre que usamos essa palavra, pensamos em apropriação de mundo (ou a ilusão de apropriação) por meio dos conceitos ou, ao menos, de um mundo capaz de ser transformado por meio de conceitos. Em segundo lugar, essa palavra parece sempre sugerir que esses conceitos, esse conhecimento, são (ou foram, alguma vez) novos. Se agora me pergunto como gostaria de estabelecer a relação entre *Kunst* e *Erkenntnis*, diria (de forma nada surpreendente, pelo menos para Siegfried, aposto) que tenho a esperança de que a Arte possa me dar um tempo alheio ao *Erkenntnis* – tanto que, de fato, estou preparado para saudar e celebrar como Arte qualquer coisa que me dê tal alívio. Isso porque, visto sob um ponto de vista individual, é extremamente difícil *não* produzir novos conceitos o tempo todo. Interpretar o mundo conceitualmente, revisar antigas interpretações, afinar novas perspectivas – esse é, afinal, o modo como vivemos nossas vidas (e isso permanece verdadeiro mesmo se alguns desses conceitos que produzimos dificilmente cheguem a algum dicionário ou mesmo figurem em um texto escrito). Desnecessário dizer – uma vez que essa suposição pertence ao discurso mais rançoso e padronizado das Humanidades no Ocidente – que, ao produzir *Erkenntnis* na forma de novos conceitos, constantemente transformamos a nós mesmos (transformação que nós intelectuais deveríamos estar dispostos a celebrar incondicionalmente). Pelo contrário, o que espero conseguir com a Arte (ou por meio de qualquer outro recurso) é *ficar quieto por um momento*, é não ter a necessidade de produzir novos conceitos o tempo todo e de transformar a mim mesmo ainda uma vez. O grande poeta espanhol Federico García Lorca parece ter falado desse mesmo desejo – com considerável ironia – no seu poema "Muerte" ("Morte"), do livro *Poeta em Nova York*.

> *Quanto esforço!*
> *Quanto esforço do cavalo*
> *em ser cachorro*
> *Quanto esforço do cachorro em ser pássaro!*
> [...]
> *E eu, na borda do telhado,*
> *que anjo de chamas busco e sou!*
> *Mas o arco de gesso,*
> *Quão grande, quão invisível, quão diminuto!*
> *sem esforço!*

Portanto, o que estou falando, com as palavras de Lorca, é o quanto invejo o arco de gesso. Contudo, teria de morrer, como sugere o título do poema, para que possa interromper a produção de *Erkenntnis* e parar de me transformar constantemente?

3.

Essa pergunta nos leva direto à filosofia de Heidegger. Contudo, não essencialmente à sua reflexão sobre a morte, mas, antes, ao conceito de calma compostura (*Gelassenheit*)[3] – o qual, para Heidegger, era a atitude correta de ser-no-mundo, uma atitude, inclusive, que era pensada como sendo capaz de ultrapassar a epistemologia cotidiana do "Sujeito" (a qual ele se referia normalmente pelo termo "metafísica"). A fim de tornar uma história potencialmente longa em algo extremamente curto, deixe-me dizer que Heidegger parece associar ao conceito de "Sujeito" e de "metafísica" tudo do que eu gostaria que a Arte me redimisse. Sendo excêntrico ao mundo dos objetos, o Sujeito constantemente "produz sentido" do mundo (a palavra "metafísica" aqui se refere à característica de dupla camada do mundo, cujas superfícies se oferecem como significantes a serem lidos em busca de sentidos profundos). O sujeito, portanto, produz constantemente *Erkenntnis*, com o sentido último de transformar o mundo. O que o sujeito é incapaz de fazer é de deixar ser, e esta é a razão (surpreendentemente simples) pela qual a noção de *Gelassenheit* absorveu, dentro da filosofia de Heidegger, grande parte da energia que leva o filósofo a construir uma epistemologia cotidiana que seria uma alternativa para a metafísica. *Gelassenheit*,

3. Gumbrecht traduz *Gelassenheit* pelo termo *composure*, sentido comumente usado na língua alemã, calma compostura, como demonstra o pesquisador e tradutor norte-americano Bret Davis. Palavra que advém da forma nominal do particípio perfeito de verbo alemão *lassen* ("deixar"), *Gelassenheit* é normalmente traduzido para o inglês como "soltura" [*releasement*], e como "serenidade" nas traduções em francês, espanhol e português. Ver, em especial, Davis, Bret. *Heidegger and the Will. On the way to Gelassenheit.* Evanston, Illinois. Northwestern University Press, 2007. (N. T.)

calma compostura, é um pré-requisito (não uma garantia) para uma atitude de não interpretação e de não transformação do mundo – em termos positivos: *Gelassenheit* é um pré-requisito para o deixar acontecer do desvelamento do Ser.

4.

Sei agora que Siegfried irá me perguntar (de forma irônica) o que "desvelamento do Ser" poderia possivelmente ser. Mais uma vez, a resposta surpreendentemente simples é que o Ser significa o mundo sem interpretações, sem significados, sem linhas divisórias, um estado de simultaneidades tão absoluto que absorve inclusive a simultaneidade, a não distinção das coisas presentes e ausentes. Como Heidegger uma vez expôs: Ser é a esfera do *die alles zueinander versammelt und zu sich selbst in das eigene Beruhen im Selben zurueckkehren läßt.*[4] Se pudéssemos, alguma vez, "ver" o Ser, i.e., se pudéssemos alguma vez ver o mundo alheio a interpretações, significados e linhas divisórias (mas não podemos), nós nos tornaríamos parte dele – e então nos tornaríamos tão quietos e em calma compostura quanto o arco de gesso do poema de García Lorca. Infelizmente (em minha

4. Gumbrecht cita uma passagem do primeiro dos três diálogos que compõem o *Conversas no Caminho do Campo* [*Feldweg-Gespräch*, GA 77, 149], livro em que Heidegger mais se dedica ao conceito de *Gelassenheit* como pensar meditativo, contraposto ao pensar calculador e técnico. O trecho é de uma fala do Guia (que tem como interlocutores um Cientista e um Pesquisador) e, no original, diz: "*Weil die Welt, insofern sie weltet, alles zueinander versammelt und zu sich selbst in das eigene Beruhen in Selben zurückkehren läßt*" (FW, 149). Em português: "Porque o mundo, enquanto mundifica, tudo coaduna, no que permite que tudo retorne a si mesmo em seu próprio deixar-se em si". (N.T.)

opinião), isso jamais acontecerá, uma vez que não podemos parar de produzir sentido. Quão próximos, entretanto, da experiência do Ser podemos chegar – e sob quais condições? É claro que "experimentar o Ser" nos termos de Heidegger é um paradoxo, porque ter uma experiência sempre se refere a uma relação de base conceitual na relação com o mundo – de forma que Ser, como a ausência de conceitos, é impossível de experimentar. (Estou me referindo aqui, a propósito, à lúcida descrição de Peter Fuchs sobre a situação basilar do Zen Budismo). Haveria alguma solução ou estamos presos ao paradoxo? A solução, a resposta a essa questão sobre como seria possível *não* produzir *Erkenntnis* em nossa relação com o mundo, pode residir no conceito heideggeriano de estético. "Belo", para Heidegger, não é apenas o Ser desvelado – é o processo: o movimento desse desvelamento. E por que isso é assim? Ser (ou o nada – ao estabelecer esse sinônimo estou citando Heidegger), Ser como a não distinção não pode adentrar na esfera conceitual da experiência humana. A Arte, contudo, Heidegger sugere, pode algumas vezes nos apresentar (tornar presente a nós) o momento infinitamente breve, um lampejo, da entrada do Ser, sua transição, para a esfera da nossa experiência e sentido. Esses são os momentos nos quais, como se do nada, o Ser se transformasse em entes (*Seiendes*), na medida em que adota uma forma e uma substância (i.e. ao deixar para trás a não distinção do presente e do ausente). O movimento, porém, de emergência que estou invocando aqui com as palavras de Heidegger é sempre acompanhado simultaneamente pelo movimento de retirada – o movimento de retirada que deve acontecer porque, se o

Ser aparece completamente em nossa zona de experiência, ele perderia a si mesmo.

5.

Acredito nisso? Isso nos levaria a uma definição de Arte mais adequada – ou apenas a uma definição mais intelectualmente atraente? Não sei – e de fato não me importo. Tudo o que posso dizer é que, recentemente, encontrei (no Japão) formas de arte que parecem se associar com os conceitos que usamos com o intuito de descrever o "desvelamento do Ser". Há formas de arte que me fazem sentir que, ao estar exposto a elas, consigo ter um vislumbre de *Gelassenheit*, por conseguir um descanso da produção de *Erkenntnis* (Conhecimento). No Nô e no Kabuki, duas formas do teatro clássico japonês, todos os atores adentram e deixam o palco por meio de uma ponte que atravessa a plateia (os assentos considerados melhores são aqueles próximos ao meio da ponte). Agora, essa emergência e esse desaparecimento da *persona* teatral (em especial, penso, naquelas peças que trazem demônios) frequentemente demanda mais tempo do que as cenas e as interações dos atores que estão no palco. Sincronizados, no teatro Nô, com a monótona batida (para nossos ouvidos) de dois tipos de tambores arcaicos, os corpos dos atores parecem ganhar forma e presença na medida em que se aproximam por detrás das cortinas e chegam ao palco; e parecem desfazer essa presença e essa forma quando se retiram. As peças Nô são extraordinariamente lentas e repetitivas. Se o espectador ocidental, entretanto, resistir ao primeiro impulso, i.e., ao primeiro desejo de deixar o teatro na primeira oportunidade, se você tem a paciência de deixar a lentidão da emergência e do desaparecimento crescer em você, então o teatro Nô, após duas ou três horas, fará você sentir que a sua relação com o mundo se modificou. Você pode sentir que começou a permitir que as coisas cheguem até você, que cessou de se perguntar o que elas significam e que, enquanto aprendeu a permitir que elas apareçam, você se torna parte delas.

6.

Os demônios, que levam bastante tempo para alcançar o palco Nô, podem muito bem significar a não distinção. Assim que tomam o palco, eles assumem a forma de todos os tipos de corpos e papéis humanos – mas quando devem ser "apenas demônios", eles rejeitam tais formas: então, seus cabelos são selvagens e exuberantes, o ritmo de seus movimentos é difícil de acompanhar, seus olhos não estão abertos nem fechados, e suas línguas, esticadas para fora. Seria esta a tranquilizadora face do Ser?

MARTIN HEIDEGGER E SEU INTERLOCUTOR JAPONÊS:

a respeito de um limite da metafísica ocidental

1.

De forma bastante óbvia, a posição central que o discurso filosófico ocidental concedeu ao conceito de "sentido", ao longo dos últimos dois séculos, gira em torno do domínio epistemológico do paradigma Sujeito/Objeto. Qualquer que seja a maneira específica com a qual o conceito foi definido (e sabemos quão confusa se tornou a variedade dessas proposições),[1] ele acaba sempre por aludir às modalidades por meio das quais um(a)

1. A palavra será usada ao longo deste ensaio dentro da convenção da tradição hermenêutica, i.e., no sentido que pressupomos quando, por exemplo, dizemos que "uma interpretação dá sentido a certo fenômeno". Não entrarei no complicado debate a respeito da distinção semântica que tem sido proposta para os substantivos "sentido" (*sense*) e "significado" (*meaning*) – e de fato essas duas palavras serão usadas de forma sinônima.

"observador(a)-Sujeito" pode se referir ao que observa como "o mundo dos objetos". "Produzir sentido", então, pode ser descrito como a seleção, performada por um observador, de um objeto específico de referência em uma gama de inúmeros objetos, dos quais, acredita-se, o mundo é constituído; ou como o traçar de uma linha por meio da qual o(a) observador(a) estabelece uma distinção, a cada momento, entre aquelas partes do mundo que ele(a) está observando e aquelas que ele(a) não está observando; ou, ainda, como o estabelecimento de um tópico, escolhido dentro de um contexto pré-existente de associações possíveis. Todas essas descrições diferentes podem se tornar definições de "produção de sentido" somente se elas apontarem para a consciência de que o que quer que tenha sido escolhido, dividido ou contextualizado *poderia* ter sido escolhido, dividido e contextualizado de outra forma. Outra forma de evocar a mesma relação entre o que permanece "potencial" e o que se torna "atual" seria dizer que o conceito de "sentido" sempre se refere a casos de entropia transformada em estrutura – sob a condição de que padrões alternativos de transformação de entropia em estrutura permaneçam à disposição. O que nós chamamos de "a consciência do Sujeito" (*Bewusstsein*) é um lugar no qual tais seleções acontecem e no qual as alternativas são mantidas em aberto.

Se consideramos o paradigma Sujeito/Objeto como o elemento central do estilo de filosofar que tem sido chamado (algumas vezes de uma forma puramente descritiva e, outras, de um ponto de vista crítico) de "metafísica ocidental", então, é uma conclusão tão verdadeira quanto trivial dizer que, dentro da metafísica ocidental, produzir sentido é inevitável (isto é, os sujeitos não podem deixar de produzir sentido e, do mesmo modo, não pode haver efeitos de sentido sem que estes apontem para um Sujeito). Um caso interessante que comprova o argumento dessa implicação relacional é a teoria dos sistemas de Niklas Luhmann. Apesar dos esforços de Luhmann em se manter epistemologicamente excêntrico, não obstante sua grandiosa ambição conceitual de ignorar as instâncias do Sujeito,[2] seus livros (e, sobretudo, suas recepções) evidenciam de que forma um discurso filosófico que estabelece como central o conceito de sentido, como é o caso de Luhmann, não pode deixar de produzir efeitos de Sujeito [*Subject-effects*]. A expressão cotidiana bastante em uso de que "algo não faz sentido", contudo, não está em conflito com nossa argumentação sobre a inevitabilidade de produção de sentido dentro do quadro geral metafísico de pressuposições discursivas – assim como dentro de nosso cotidiano ocidental.

Assim, se dizemos que "algo não faz sentido", não estamos usando a palavra "sentido" de acordo com o significado convencional filosófico de "produzir sentido", e não estamos, desse modo, nos referindo a um fenômeno individual que "resistiria" aos atos de atribuição de sentido.[3] Antes, quando dizemos que "algo não faz sentido", reagimos às situações em que uma sequência (curta ou longa) daqueles atos elementares e inevitáveis de atribuição de sentido não produzem uma impressão de "coerência" ou "consistência"; nos referimos a situações em que carecemos de

2. Ver a explicação de Luhmann a respeito desse esforço em "On the Concepts 'Subject' and 'Action'".

3. Atos individuais de atribuição de sentido podem, é claro, permanecer ambivalentes ou inconclusivos – mas isso apenas prova que, mesmo em casos difíceis, não podemos parar de produzir sentido.

uma perspectiva mais ampla por meio da qual podemos subsumir os resultados de diferentes atos individuais de produção de sentido (cf. Hahn). Surpreendentemente (ou de modo algum surpreendente), todos os espalhafatosos *slogans* intelectuais de uma ou duas décadas atrás em torno da "morte do Sujeito" nunca alcançaram esse ponto, ao fim e ao cabo, nada surpreendente: de que qualquer tentativa de (ou o mero processo histórico de) ultrapassar a tradição epistemológica centrada no Sujeito (ou, com o conceito heideggeriano, de ultrapassar a "metafísica") teria de perguntar de que modo alguém poderia – começar a – evitar produzir sentido. Ao contrário, aquele "Sujeito fraco" e o assim chamado "pensamento fraco", com os quais o paradigma Sujeito/Objeto parece ter sobrevivido aos anos de anúncios de sua morte prematura, tornaram a produção de sentido algo ainda mais central[4] – talvez ainda mais obsessivo – do que antes fora no passado filosófico, pois a diferença entre o Sujeito tradicional e o novo Sujeito "fraco" parece repousar na maior consciência deste último sobre o caráter contingente de qualquer operação de produção de sentido, tanto no nível básico quanto no nível da produção de consistência. O Sujeito "fraco" de fato produz um excesso de sentido, devido à obrigação adicional de comentar sobre suas operações primárias de produção de sentido.

Martin Heidegger, em contraste, parece ser espantosamente um dos poucos filósofos ocidentais ("espantosamente poucos" ao menos em comparação à tradição filosófica asiática) que

4. Ver a reivindicação maximalista (mas bem argumentada) de Gianni Vattimo em *Beyond Interpretation* (Vattimo, Gianni. *Para além da interpretação: o significado da hermenêutica para a filosofia*. Trad. Raquel Paiva. Rio de Janeiro: Tempo Brasileiro, 1999).

investigou a questão nada trivial de se – se sim, como – podemos evitar produzir sentido no nível básico de nossas relações com o mundo.[5] Apesar de a posição central que Heidegger atribui à interpretação e à produção de sentido em *Sein und Zeit* [*Ser e tempo*] (1927) e sua descrição da "cotidianidade mediana" da existência humana não estarem em flagrante contradição com a questão de como alguém pode evitar produzir sentido, é bastante claro que o interesse de Heidegger nessa questão se desenvolveu em paralelo com a tendência de seu trabalho tardio em conceber seu próprio filosofar como um modo de descobrir alternativas para o que chama de "tradição metafísica".[6] Contudo, é ainda mais interessante perceber que o texto em que, talvez, ele mais insistentemente investiga essa questão é aquele no qual ele tenta se defrontar com uma tradição de pensamento não ocidental. Refiro-me a "De uma conversa sobre a linguagem entre um japonês e um indagador" ("*Aus einem Gespräch von*

5. O trabalho filosófico de Heidegger certamente não é o único que faz a pergunta quanto à (in)evitabilidade da produção de sentido. Essa questão tornou-se crescentemente importante ao longo dos anos no trabalho de Jean-Luc Nancy – e dever-se-ia então acrescentar que a obra de Nancy tornou-se crescentemente excêntrica, dentro do cenário predominantemente hermenêutico da filosofia não analítica, de tal maneira que ele mesmo abordou essa inquietação. Ver *The Birth to Presence* (1993, p. 5): "Chega um momento em que não se pode evitar sentir raiva, uma absoluta raiva, contra tantos discursos, tantos textos que não têm qualquer outra preocupação do que produzir um pouco mais de sentido, de refazer ou perfeccionar delicados trabalhos de significação. Este é o motivo pelo qual, se falo aqui de nascimento, não tentarei fazer com que produza um acréscimo de sentido. Eu antes o deixaria, se possível, como a falta de 'sentido' que 'é'".

6. A partir desse ponto, vou me abster de cercar a palavra "metafísica" com aspas, pois deveria ter se tornado suficientemente claro que tento usá-la do mesmo modo que Heidegger a usava – e isso significa: com a convicção de que sua crítica à metafísica, a despeito de todos os problemas intrínsecos ao conceito, foi um passo importante na história da filosofia ocidental.

der Sprache – zwischen einem Japaner und einem Fragenden"),[7] escrito durante os anos de 1953 e 1954 e publicado originalmente no volume *Unterwegs zur Sprache*, em 1959. O diálogo entre "um Indagador" (que, obviamente, se refere ao próprio Heidegger) e "um Japonês", de fato, não deixa dúvidas a respeito do interesse epistemológico do filósofo em desenvolver uma crítica de uma série de conceitos que estão no centro da tradição metafísica.

> I: Vivenciar diz sempre: reatar, a saber, a vida e o vivido a um sujeito. Vivência evoca a correlação de objetivo e subjetivo. Mesmo a vivência do eu-tu, hoje tão falada, pertence ao âmbito metafísico da subjetividade.
>
> J: É este âmbito da subjetividade e de suas expressões que o senhor abandona concentrando-se na referência hermenêutica à duplicidade.
>
> I: Ao menos é o que procuro fazer. As representações-chave 'expressão', 'vivência', 'consciência', que determinam o pensamento moderno, deveriam ser questionadas em seu papel decisivo. (2003, p. 102)

Mais adiante neste ensaio, discutiremos os conceitos centrais da epistemologia alternativa de Heidegger, acima de tudo, a complexa noção de "duplicidade". Como ponto de partida, tudo o que importa é o reconhecimento de que Heidegger tentou desafiar e repensar a metafísica (isto é, o paradigma Sujeito/

7. Exceto quando notado o contrário, utilizamos em grande parte a versão do diálogo disponível em português em *A caminho da linguagem*, na tradução de Marcia Sá Cavalcante Schuback (Petrópolis: Vozes; Bragança Paulista: Editora Universitária São Francisco, 2003). Nessa tradução, Marcia Cavalcante opta por traduzir *Fragenden* por "Pensador". Seguimos aqui, no entanto, a conotação enfatizada por Gumbrecht e mantemos "Indagador". (N.T.)

Objeto e suas implicações), e de que ele o fez questionando a visão de mundo metafísica, a qual pressupõe que há (no sentido primário do adjetivo "metafísico") um significado a ser identificado "além de" ou "sob" cada uma das superfícies materiais que compõem o mundo. O que então chamamos de interpretação e hermenêutica são a prática e a teoria de tais identificações de significado (ver *Unterwegs,* páginas 109, 128, 136, para o termo "Metafísica", e páginas 95, 97, 98, 120, para "Hermenêutica").

Desde o começo, esse impulso crítico (Heidegger não gostava dessa palavra!) em seu pensamento foi complementado pela busca por uma relação – diferente – com o mundo, uma relação com o mundo que não seria exclusivamente baseada na produção de sentido. É provavelmente por essa razão que Heidegger bem frequentemente menciona, em "De uma conversa sobre a linguagem", o quão inquieto se sentia em relação ao conceito convencional de "linguagem", baseado no sentido (*Unterwegs*, p. 123, 126, 137). De fato, diversas passagens nos convidam a imaginar uma forma de nos referenciarmos ao mundo que não seja relacionada ao sentido. Por exemplo, quando perguntado por qual motivo ele pensava que sua (e bastante famosa) frase "a linguagem como a casa do Ser" pudesse ser, afinal, um conceito inapropriado para sua própria busca epistemológica, o Indagador (isto é, Heidegger) responde: "Porque o modo de representação conceitual se aninha facilmente em todo tipo de experiência humana" (2003, p. 92). De que modo alguém poderia evitar situar a representação conceitual do mundo como a derradeira forma de experiência humana era, sem dúvida, uma questão que importava para Heidegger.

2.

Nem a forma dialógica de "*Gespräch von der Sprache*" nem a escolha por um interlocutor "japonês" são acidentais em relação a essa questão, que, por sua vez, é central para o texto. Ao final da conversa (*Unterwegs*, p. 149-150), o Indagador sugere que ele e o interlocutor se engajaram não em um diálogo a respeito da análise da linguagem, mas, sim, em um processo intelectual que foi levado adiante e inspirado pela linguagem em seus fundamentos ("*ein Sprechen von der Sprache her*"), isto é, pela específica relação entre a linguagem e o Ser. A forma dialógica do texto, então, foi concebida para incorporar a transição de abordagens, da linguagem como um tópico em direção à linguagem como inspiração existencial e "manancial" (como Heidegger poderia ter dito). A presença do interlocutor japonês, nesse contexto específico, representa a impressão de Heidegger de uma afinidade existente, porém velada ("*eine tiefverborgene Verwandtschaft*"), entre suas próprias intuições epistemológicas e as tradições do pensamento japonês (*Unterwegs*, p. 136). Muitos incidentes, tanto na vida de Heidegger quanto na recepção de seu trabalho, atestam a existência de sentimentos complementares do outro lado, ao menos em círculos específicos da *intelligentsia* japonesa. Isso também se tornou evidente, por exemplo, no convite que Heidegger, até então desconhecido internacionalmente, recebeu em 1924, três anos antes da publicação de *Sein und Zeit* (*Ser e tempo*), para uma estada estendida como pesquisador na Universidade de Tóquio (ver Ott), e, acima de tudo, na duradoura relevância de seus escritos na instituição acadêmica de filosofia no Japão.[8] Que uma fascinação pelo estilo de filosofar de Heidegger tenha existido no Japão desde suas primeiras publicações é, então, um fato inegável, e enquanto, em um estágio posterior, as inclinações políticas de Heidegger talvez tenham se tornado uma razão adicional para sua recepção, penso que é razoável dizer que a fascinação filosófica precedeu as simpatias políticas. Seu sucesso no Japão, contudo, parece ter motivado um interesse no próprio Heidegger – talvez até um interesse que era atípico entre suas preferências intelectuais – pelo que ele imaginava ser a "cultura japonesa". Isso, claro, não nega que muito do que ele referiu como "japonês" eram fenômenos e tradições que deveriam, no entanto, ser descritos como típicos das culturas asiáticas como um todo.

De um ponto de vista conceitual, a razão óbvia para uma convergência entre Heidegger e seus admiradores japoneses deve ter sido a fascinação, sentida em ambos os lados, pela noção e pelo problema filosófico do "nada" (*nothingness*) –, e o nada, de fato, nos leva de volta à questão referente à tentativa de evitar (ou ao menos minimizar) a produção de sentido, pois a ideia asiática de nirvana, como a seguinte citação de um sermão de Buda ilustra, é menos uma ideia de vácuo ou vazio do que a ideia de uma esfera de completude na qual nenhuma distinção é feita, nenhuma linha divisória é traçada, nenhum sentido é produzido:

> Há uma esfera, monges, onde as coisas não são sólidas nem fluidas, onde não há calor nem movimento, tampouco esse mundo

8. Para uma avaliação representativa da importância da filosofia de Heidegger no pensamento contemporâneo japonês, ver o livro de Keiji Nishitani, *Religion and Nothingness*.

> tampouco aquele mundo, nem sol nem lua. Isso, monges, eu chamo nem ir nem vir, nem nascer nem morrer. É sem princípio, sem desenvolvimento, sem apoio. E isso é exatamente o fim do sofrimento.[9]

Bastante óbvio, o desejo existencial (ou a tarefa intelectual) por experienciar o nirvana – ou experienciar o nada – como a ausência de todas as distinções (cuja condição é sinônimo da ausência de todo sentido e significado) nos leva a um paradoxo: se "experienciar" algo pressupõe a possibilidade de ver esse algo como separado de alguma outra coisa, então experienciar o nada deve ser a paradoxal simultaneidade de experienciar como não separado algo que, para/por ser "algo", deve estar separado de alguma outra coisa. Trata-se da paradoxal simultaneidade de algo tendo e não tendo forma. Nenhuma "cirurgia hermenêutica" (Fuchs, p. 61) pode consertar esse problema – em outras palavras: nenhuma experiência, baseada no sentido, da ausência de sentido é possível. Em reação a esse paradoxo, a tradição Zen substituiu a impossível busca da experiência significativa da ausência de sentido/significado por certo estilo de atos de fala absurdos, os quais performam a recusa do sentido. Por exemplo: o Discípulo pergunta qual é o sentido do nada, e o Mestre responde apontando verbalmente para algum objeto trivial em seu horizonte dêitico; ou, numa virada da interação verbal para o não verbal, o Mestre golpeia o Discípulo, ao invés de responder verbalmente à sua impossível questão.

9. Udana VIII *apud* Fuchs, p. 49. O passo seguinte da minha argumentação foi literalmente retirado da descrição lúcida de Fuchs de algumas das estruturas-chave do Zen-budismo.

3.

Em contraste com gestos revigorantemente drásticos da comunicação Zen, o Indagador no diálogo de Heidegger é – e o próprio Heidegger certamente era – academicamente muito pomposo. Longe de o tema ser tratado a partir dos efeitos especiais discursivos de uma tradição ocidental, o leitor da "*Gespräch*" (Conversa) deve, então, testemunhar como Heidegger – por toda sua ambição persistente de evitar a imagem de um "intelectual" típico e o estilo convencional de um "professor" – se debate, sem muita desenvoltura no que concerne sua qualidade estilística, com o gênero modestamente "literário" do diálogo filosófico (e, por conseguinte, não totalmente acadêmico). A decisão de representar suas próprias posições por meio do papel de "um Indagador" ("*einem Fragenden*") parece vir de um entendimento amplamente conhecido como "sabedoria socrática" (um "Indagador", por definição, "sabe que ele não sabe") –, enquanto o interlocutor do Indagador é escassamente caracterizado apenas por meio de uma nacionalidade japonesa ("*ein Japaner*"), e não por qualquer papel filosófico ou discursivo correspondente. Essa assimetria discursiva entre o "Indagador" e o "Japonês" parece refletir uma situação real, cujas lembranças, de acordo com os comentários de Heidegger (*Unterwegs*, p. 269), foram, de fato, as bases para a "*Gespräch*". Essa situação real foi uma visita de Tomio Tezuka, um germanista da Universidade de Tóquio, o qual, como germanista não germânico, estava, sem dúvida, ansioso por agradar o filósofo famoso, então na casa de 60 e poucos anos. Tomio Tezuka parece ter cumprido todas as expectativas padrão – muito provincianas – de um acadêmico alemão diante de um colega "asiático do leste longínquo" ("*fernoestlich*").[10] Em um determinado ponto da "*Gespräch*" (*Unterwegs*, p. 134), por exemplo, o Indagador lembra o Japonês, como que perfidamente protegendo sua própria disposição de tempo, de que o tempo do seu interlocutor é limitado, já que este planeja viajar para Florença no dia seguinte. Diante de tal afirmativa, o Japonês, por sua vez, aproveita contente a oportunidade de oferecer à sua visita a extensão de mais um dia, "se você me conceder mais uma visita à sua casa". De forma nada surpreendente, o Indagador não responde – e seu interlocutor não ousa insistir. O efeito mais embaraçoso do texto, contudo, do ponto de vista retórico – extremamente embaraçoso, de fato, se temos em mente a identidade do autor –, é atribuído ao interlocutor japonês, o qual, ao longo de toda a conversa, produz a impressão de que a rotina de vida dos intelectuais japoneses deve consistir em um permanente e constante seminário em Heidegger. De acordo com suas observações, as transcrições das preleções de Heidegger pareciam ser o único alimento espiritual em seus universos; cada palavra que o Mestre teria dito parece ter desencadeado um eco nunca evanescente na mente de seus ex-alunos; e esses admiradores fiéis estariam sempre a postos para defender o seu ídolo contra potenciais inimigos mal-intencionados. "À distância, estranhamos sempre que se tenha atribuído ao senhor uma recusa e rejeição da história do pensamento até hoje vigente. Para nós, o senhor visa somente a uma apropriação originária da história" (2003, p. 88).

10. A respeito de Tezuka, ver a esparsa informação disponível em Pincus 21, 93.

Se há um interlocutor no texto que o Indagador/Heidegger considera intelectualmente digno e desafiante, este não é o Japonês/Tezuka, mas Conde Kuki Shuzo,[11] cuja figura (talvez devamos dizer: cuja sombra) domina – por direta e detalhada referência – na sequência de abertura da conversação.

> J: O senhor conhece o conde Shuzo Kuki. Ele estudou com o senhor durante vários anos.
>
> I: Lembro-me sempre do conde Kuki.
>
> J: Morreu cedo. Seu mestre Nishida escreveu-lhe o epitáfio. Trabalhou mais de um ano nessa grande homenagem ao seu discípulo.
>
> I: Para grande alegria minha, possuo algumas fotografias do túmulo de Kuki e do campo que o cerca.
>
> J: Conheço o jardim do templo de Kioto. Muitas vezes, amigos me acompanham em visita ao túmulo. No fim do século XII, o sacerdote Honen plantou o jardim numa colina a leste de Kioto, então cidade imperial. Destinava-se à meditação e ao recolhimento. (2003, p. 71)

Conde Kuki permanece sendo uma referência central ao longo da "Conversa". Após hesitação inicial, o Indagador é persuadido com facilidade pelo interlocutor japonês, que argumenta que se deveria compreender a noção de *iki*, à qual Kuki dedicou um livro (publicado pela primeira vez em 1930, com inúmeras reedições: *Reflexões sobre o gosto japonês: a estrutura do iki*),[12] como o equivalente europeu para o conceito de artes e poesia.

11. "Kuki" é o sobrenome (nobre) e "Shuzo" o prenome. Ao longo do texto, Heidegger ignora a convenção japonesa de colocar o sobrenome antes do nome.
12. Este é o título da primeira tradução para o inglês, realizada por John Clark e editada por Sakuko Matsui e John Clark (1997).

I: Só muito de longe pude intuir o que diz essa palavra.

J: Ao voltar da Europa, o conde Kuki proferiu em Kioto várias conferências sobre a estética da arte e da poesia japonesa, publicadas posteriormente. Procurou considerar a essência da arte japonesa valendo-se da estética europeia. (2003, p. 71)

Próximo ao fim da conversação (*Unterwegs,* p. 138), o Indagador de fato chega a incorporar a tradição ocidental da filosofia estética na agora muito mais complexa definição de *iki*. A partir de suas próprias reflexões sobre *iki*, o Indagador invoca, inclusive, memórias particularmente inspiradoras da bela imagem visual da esposa de Kuki:

I: As conversas se realizavam como um jogo livre em minha casa. Às vezes, o conde Kuki trazia a esposa num costume de festa japonês. Então o mundo oriental brilhava com mais clareza e o perigo das conversas aparecia com maior nitidez. (2003, p. 73)

A verdade histórica parece ser bastante diferente desse retrato, bem acadêmico-alemão, de um colega do leste asiático e sua esposa – no entanto, não é, de forma alguma, menos interessante.[13] Nascido em 1888, portanto, um ano antes de Heidegger, Kuki Shuzo era filho de um importante intelectual e protagonista político do período Meiji, a era da modernização do Japão. Sua mãe fora uma gueixa de Gion, um bairro boêmio de Kioto, e essa origem pode ter suscitado o boato de que o pai biológico

13. A respeito dos detalhes biográficos que seguem, fio-me na introdução de John Clark em *Reflections on Japanese Taste* (p. 9-13), e no livro de Lesle Pincus, *Authenticating Culture in Japan* [27ff]. Também agradeço as sugestões dos meus colegas Thomas Hare (Stanford/Princeton), Christoph Jamme (Lüneburg), e de Mr. Tazule, de Kyoto, quem, durante o fim da década de 1930, foi aluno de Kuki.

de Kuki Shuzo era um dos empregados de seu pai legal (com quem sua mãe de fato teve um caso). Rumor ou história de amor trágico, a mãe de Kuki passou as últimas décadas de sua vida em reclusão em uma instituição psiquiátrica. Kuki Shuzo, depois de ter tido uma educação de orientação intelectual predominantemente ocidental, como era típico naquele momento histórico no Japão, mudou-se para a Europa em 1921, onde, até 1929, frequentou conferências e seminários nas universidades de Paris, Heidelberg e Freiburg, e onde estabeleceu contato com filósofos como Bergson, o jovem Jean-Paul Sartre, Rickert, Husserl e Martin Heidegger. Certamente não é verdade, como a "*Gespräch*" afirma em uma passagem, que Kuki "estudou com Heidegger por muitos anos". Antes, eles tiveram apenas alguns encontros e conversações em Freiburg durante a primavera de 1927, quando Heidegger, apesar de estar ensinando àquela época em Marburg, passou suas férias na cidade que antes o abrigava e que o abrigaria no futuro. Em nota a Husserl, ele se refere a essas conversações com Kuki como "um fardo adicional".[14]

A lista completa dos interlocutores de Kuki atesta um instinto infalível que o ajudou a identificar o que e quem estava filosoficamente em voga durante os anos de sua estada na Europa. O papel do dândi do século XIX que ele parece ter preferido como um modelo de seu estilo não acadêmico na França, na Alemanha e, até mesmo, no Japão, ao contrário, era algo bastante fora de moda para os padrões culturais de 1920. Contudo, o

14. Pincus [58n]. É verdade, contudo, que Kuki Shuzo e Martin Heidegger devem ter se encontrado em uma ocasião ulterior que a "*Gespräch*" não faz qualquer referência. Richard Rorty me disse que viu uma foto de Kuki e Heidegger num arquivo em Cérisy-la-Salle.

dandismo certamente excluía a opção de casar-se, e não há, de fato, qualquer registro de Senhora ou Madame Kuki (um diário, contudo, existe, no qual Kuki mantinha um registro meticuloso de seus inúmeros encontros com prostitutas parisienses – e seus gostos exóticos). De forma nada surpreendente, seu estilo de vida – que, para um olhar mais cosmopolita do que o de Heidegger, poderia projetar a imagem de Kuki como um irmão japonês do Professor Unrat (do romance *Blue Angel*, de Heinrich Mann, e da adaptação cinematográfica homônima de Marlene Dietrich) – não foi favorável para o progresso de sua carreira acadêmica, depois que retornou ao Japão, em 1929. Parece que, entre seus pares e estudantes, Kuki era, acima de tudo, famoso por suas idas e vindas, sem qualquer desvio, entre a Universidade de Kioto e as casas de chá de Gion. Enquanto ele foi cedo indicado para uma posição como professor, seus colegas obviamente o tomaram como um intruso – um homem com uma biografia intrigante e um registro acadêmico irregular. Em 1941 – e sem deixar um corpo filosófico importante de escritos –, Kuki morreu de forma nada heroica de peritonite.

O livro de Kuki Shuzo sobre o *iki*, que ele escreveu, a propósito, durante seus últimos anos em Paris, tampouco tem muito a ver com as especulações do interlocutor japonês e do Indagador em torno do pensamento de Kuki. Antes, o livro pertence ao discurso que, em parte como uma reação aos esforços ferozes de modernização das décadas Meiji no Japão e, em parte, se rendendo às constelações políticas e ideológicas dominantes nas décadas de 1930 e 1940, buscou apreender a essência – nos dias de hoje deveríamos obviamente chamar de "identidade" – da cultura nacional (o nome desse discurso é *nihhonron*). Enquanto é provavelmente razoável dizer que o projeto não estava nem especificamente próximo nem particularmente distante dos próprios interesses de Heidegger, uma primeira leitura de *Reflexões sobre o gosto japonês* sugere que o fundamento epistemológico que Kuki tomou para a palavra *iki* não era apenas diferente, mas, de fato, oposto ao que está em jogo na "Conversa" de Heidegger: "Primeiro, que tipo de relação a linguagem tem em geral com as pessoas? Qual é a relação entre significado, o qual é o conteúdo das palavras, e o ser das pessoas? (...) Desta forma, onde o modo de ser das pessoas é central [para as palavras], aparecerá como um significado definitivo e abrirá um canal através da linguagem" (2003, p. 28-29). Essas frases são evocativas de certo "Idealismo" cultural e linguístico que era padrão nos departamentos de literatura e artes nas universidades alemãs e francesas durante aquele período,[15] e, sendo parte desse discurso, o pensamento de Kuki se inscreve, ele mesmo, no paradigma metafísico que Heidegger buscava superar.[16]

Contudo, enquanto a discussão com Conde Kuki sobre a obsolescência do paradigma metafísico pudesse por certo ter ocorrido, é mais divertido – para dizer o mínimo – especular como esse típico filósofo alemão poderia ter reagido tendo ele sabido que o comportamento erótico das gueixas era o tópico

15. Ver o capítulo sobre a década de 1920 no meu breve livro *Leo Spitzers Still*.
16. Apesar de que Heidegger não poderia ter lido o livro de Kuki (cuja primeira tradução apareceu apenas em 1997), uma consciência – nunca completamente reconhecida – das tensões entre o filosofar de Kuki e as intuições epistemológicas de Heidegger perpassa a "*Gespräch*". Ela é particularmente concentrada na possível incompreensão de Kuki (como o Indagador demonstra) da preleção de Heidegger de 1921: "*Ausdruck und Erscheinung*" ("Expressão e Aparência"). *Ausdruck* foi um dos termos cuja compreensão metafísica a "*Gespräch*" tinha o intuito de problematizar.

central em *Reflexões sobre o gosto japonês*; tendo ele sabido que o livro inclui, por exemplo, uma análise e uma interpretação extensas (e provavelmente bastante competentes) de um específico "decote de quimono que revela a nuca" (1997, p. 81); e que, se o livro demonstra quaisquer traços de impacto vindo das conversações que Kuki manteve com Heidegger, eles repousam na paixão pelas especulações etimológicas, as quais, em seu absoluto desrespeito à precisão filosófica, eram ainda mais empolgantes do que as experimentações de Heidegger (1997, p. 31) nesse sentido.

> Poderíamos talvez descobrir uma palavra francesa que seria aplicável a *iki*? A palavra *chic* é a primeira a se apresentar à mente. Essa palavra é usada da mesma forma como se usa em inglês e em alemão, e é normalmente traduzida para o japonês por *iki*. Há basicamente duas teorias sobre suas derivações. De acordo com uma delas, é a abreviação de *chicane*, cujo significado original é algo sendo informado como se fosse um 'truque esperto' a fim de enredar alguém num caso judicial. De acordo com outra teoria, *Schick* é a forma original de *chic*, isto é, em alemão, a palavra alemã vem de *schicken*. Como *geschickt* de fato sustenta o significado de 'ingenuidade' em todas as coisas.

Por fim, há um alívio cômico considerável em imaginar como o filósofo da Floresta Negra caiu na lábia de um impostor intelectual tão admirável e ousado quanto Kuki Shuzo deve ter sido, e em pensar que Frau Kuki (Senhora Kuki), quem, como lemos, era tão bem recebida na casa de Martin e Elfriede, fora muito provavelmente uma prostituta parisiense vestida como uma nobre dama japonesa.

4.

Em contrapartida, deduzir do provincianismo de Heidegger e da falta de formalismo acadêmico de Kuki, ou ainda, deduzir a partir das anedotas que circundam o "De uma conversa sobre a linguagem" que esse texto deve ser um fracasso como experimento filosófico, e que a intuição mútua de convergência entre o pensamento japonês e a filosofia heideggeriana era uma ilusão, seria chegar a conclusões tão hermeneuticamente ingênuas que, inclusive, superariam a ingenuidade social de Heidegger. Apesar de a "*Gespräch*" transmitir a impressão de que, em sua conversação, de fato, Kuki deve ter exagerado descaradamente a importância do pensamento de Heidegger sobre seu próprio trabalho, e apesar de Heidegger poder não ter lido *Reflexões sobre o gosto japonês*, algumas das observações de Kuki sobre o *iki* poderiam ter sido pertinentes para seu projeto de superação da metafísica. Acima de tudo, deve ter sido digno de nota – em relação ao entendimento de "nada" como ausência de distinção, formas e significados, isto é, como a simultaneidade de tudo com tudo – que, ao longo do livro, Kuki Shuzo se esforça para explicar como o estilo das gueixas sustenta a presença simultânea de diferentes qualidades, que, em sua aparência de fato, não podem ser separadas umas das outras e para as quais encontrar conceitos descritivos é, mais ainda, uma tarefa insolúvel:

> *Iki* pode ser analisado em momentos conceituais individuais, mas nós não podemos, no movimento inverso, constituir o *iki* por recurso a eles. Pegue, por exemplo, 'galantaria', 'respeito próprio', ou 'resignação' – esses conceitos não são parte de *iki*, mas eles

são nada mais que seus momentos conceituais. Por essa razão há um fosso intransponível entre o *iki* como um conjunto de momentos conceituais e o *iki* como significado experienciável. (2003, p. 113)

Em outro capítulo, Kuki insiste que o estilo comportamental da gueixa absorve e transmite inúmeras duplas de conceitos opostos ("refinado *versus* bruto", "chamativo *versus* ofuscado", "chique *versus* convencional", "adstringente *versus* doce", e assim por diante [1997, p. 45-46]), e ele, então – de forma bem sucedida –, prossegue representando essas simultaneidades por meio de figuras geométricas que conectam todos esses diferentes conceitos e figuras. Um nível diferente de observação – e igualmente importante –, sobre a qual Kuki parece não se decidir, produz a impressão de que todas as manifestações de *iki*, apesar de sua extraordinária complexidade, permanecem estranhamente não substanciais: "*Iki* assim torna-se um termo parecido com o vago *raffiné* (refinado) (...) (E se) *iki* fosse hipoteticamente algo com nada mais do que esses significados vagos?" (1997, p. 117). Conde Kuki, em suas tentativas de determinar o *status* ontológico de *iki*, oscilava entre descrições de *iki* como material puramente concreto e descrições de *iki* como puro fenômeno da consciência.

Não é impossível que Kuki tenha conversado sobre essa mesma questão com Heidegger e que tal conhecimento estava implícito nas convicções do Indagador, em "De uma conversa sobre linguagem", de que o conceito de *iki* de Kuki estava preso em uma – ou sofrendo de uma – deturpação em meio ao paradigma ocidental metafísico.

I: Kuki [...] falava de um brilho sensível em cujo enlevo e encanto transparece o suprassensível.

J: Com esta explicação, segundo penso, Kuki atingiu realmente o que experienciamos na arte japonesa.

I: Devo entender que a experiência dos senhores se move na distinção entre o mundo sensível e o suprassensível? Nessa mesma distinção, repousa o que há muito se chama de metafísica. (2003, p. 83)

Em reação ao momento dialógico de desilusão (no qual parece que, por um momento, a cultura japonesa não pode prover uma alternativa ao paradigma metafísico), o Indagador prossegue, nas páginas seguintes, em apresentar as ideias de Heidegger sobre um modo não metafísico de experienciar o mundo. Talvez essas ideias possam ser reunidas como uma sequência de três diferentes reivindicações de simultaneidade.[17] A primeira reivindicação de simultaneidade está relacionada ao conceito de "duplicidade", cuja explicação havíamos adiado em um estágio anterior a essa argumentação. A duplicidade é uma simultaneidade não metafísica, a copresença do Ser (*Sein*) e do ente/dos entes (*Seiendes*):

Tratava-se e ainda se trata de fazer aparecer o ser dos entes. Mas, sem dúvida alguma já não de acordo com a metafísica e sim de maneira a deixar aparecer o próprio ser. O próprio ser significa:

17. A importância que outro diálogo sobre *Sein* ("Zur Erörterung der Gelassenheit: Aus einem Feldweggespräch über das Denken" ["Para uma discussão da serenidade: sobre uma conversa no caminho do campo a respeito do pensar"]) atribui ao verbo *versammeln* confirma a pertinência da dimensão da "simultaneidade" nesse contexto (ver especialmente p. 40, 60).

o vigor vigente,[18] i.e, da duplicidade de ambos a partir da unicidade. (2003, p. 97)

Seiendes (entes), como os leitores de Heidegger sabem, se refere à nossa experiência primária do mundo, a uma experiência na qual o mundo aparece sempre como já estruturado e, dessa forma, significativo (ou interpretado). O conceito de *Sein* (Ser), por oposição, deve sua notória complexidade a uma dupla desdiferenciação (*dedifferentiation*), em outras palavras, à simultaneidade de dois efeitos intrínsecos de simultaneidade. Ambas as desdiferenciações podem ser lidas como respostas à nossa pergunta inicial, isto é, à pergunta Zen, à questão antimetafísica a respeito da possibilidade de reprimir (ou minimizar) efeitos de sentido (*sense*) e significado em nosso contato com o mundo. Essa primeira desdiferenciação – e a segunda reivindicação de simultaneidade – são a ausência de quaisquer distinções ou formas dentro do *Sein*. Esse é o tipo de simultaneidade que mencionamos anteriormente, em nossa primeira tentativa de explicar o conceito de "nirvana", ou "nada". Aqui, o Indagador/ Heidegger de fato define *Sein* e "nada" como conceitos sinônimos, e acrescenta uma terceira reivindicação de simultaneidade (uma

18. A tradução de Heidegger em inglês que Gumbrecht utiliza destaca o aspecto da presença, trazendo a expressão "*the presence of present beings*". No original alemão, a expressão é *Anwesen des Anwesenden* (algo como "propriedade dos que estão presentes"), como se pode ler em: "*Es galt und gilt noch, das Sein des Seienden zum Vorschein zu bringen; freilich nicht mehr nach der Art der Metaphysik, sondern so, daß das Sein selbst zum Scheinen kommt. Sein selbst - dies sagt: Anwesen des Anwesenden, d. h. die Zwiefalt beider aus ihrer Ein falt. Sie ist es, die den Menschen zu ihrem Wesen in den Anspruch nimmt*" (Heidegger. *Unterwegs zur Sprachen*. Vittorio Klostermann GmbH: Frankfurt am Main, 1985, p. 116). Cabe notar que *Anwesenheit* se traduz por "presença". (N. T.)

segunda desdiferenciação): a simultaneidade dentro do *Sein*, a não distinção entre aquilo que está presente e aquilo que está ausente. A passagem decisiva da "*Gespräch*" começa com a referência a uma terceira reivindicação de simultaneidade.

> I: O vazio é então a mesma coisa que o nada, isto é, o vigor que procuramos pensar como o outro de toda vigência e de toda ausência?[19]
>
> J: De certo. [...] Para nós, o vazio é o nome mais elevado para se designar o que o senhor quer dizer com a palavra ser...
>
> I: ... num esforço de pensamento, cujos primeiros passos ainda hoje são inevitáveis. Sem dúvida, foi um esforço que gerou muita confusão, confusão que se funda na própria coisa e se relaciona com o emprego da palavra 'ser'. Pois o termo pertence, propriamente, ao acervo da linguagem metafísica embora eu o tenha utilizado como título, no esforço por deixar aparecer a essência da metafísica dentro de seus limites. (2003, p. 87-88)

Deve ser enfatizado que, para além da conclusão a que nós chegamos em nossa primeira discussão sobre o "nada", o significado completo do conceito de "nada" ("nada"/*Sein*, como devemos agora acrescentar) não é apenas não distinção, não conceitualidade e não formalidade. O conceito de *Sein* também contém a indistinção de presença e ausência.[20] *Sein* não é a

19. Persistindo a tradução de *Anwesen* no português para "vigência", optamos por apresentar o original, mais próximo da interpretação de Gumbrecht: "*Die Leere ist dann dasselbe wie das Nichts, jenes Wesende nämlich, das wir als das Andere zu allem An- und Abwesenden zu denken versuchen*" (1985, p. 103). (N.T.)

20. Ao passo que *Anwesen[heit]* significa "presença" e *Abwesen[heit]*, "ausência", a palavra *Wesen* ("essência") parece apontar (na maior parte dos casos ao menos) para a não distinção.

pura ausência de linhas divisórias, isto é, a ausência de formas e, portanto, de sentido. *Sein* inclui, ademais, a não distinção da presença e ausência, e porque esse é o caso, a experiência do *Ser* – ao menos no pensamento de Heidegger – deve ser mais do que apenas a aparição da possibilidade de uma forma emergindo de uma ausência de forma. Ela também deve ser uma epifania – o que significa que deve ser, junto à aparição de uma possibilidade de forma, a aparição da possibilidade da presença (que, por conseguinte, deve incluir a possibilidade da ausência):

> I: Tratava-se e ainda se trata de fazer aparecer o ser dos entes. Mas, sem dúvida alguma já não de acordo com a metafísica e sim de maneira a deixar aparecer o próprio ser. O próprio ser significa: o vigor vigente [*Anwesen des Anwesenden*], i.e, da duplicidade de ambos a partir da unicidade. É o que reivindica o homem para seu vigor [*Wesen*]. (2003, p. 97)

Esse é o espaço sistemático no qual o empenho de Heidegger de superar o paradigma metafísico (ele não teria falado, claro, simplesmente em "superação") vai ao encontro dos motivos mais "existencialistas" de sua filosofia. Experienciar, manter, "pastorear" (de acordo com a interpretação de Peter Sloterdijk) a duplicidade dos entes (*Seiendes*) e do Ser (*Sein*) em sua complexidade intrínseca, junto à compostura (*Gelassenheit*) que permite que isso aconteça, definem a existência humana (*Dasein*) e são seu destino.

Em vez de prosseguir com a investigação desse repertório de conceitos existencialistas, contudo, irei agora me concentrar na questão sobre quais modalidades do *Sein* podem ser experienciadas. A questão é importante por duas razões óbvias.

Primeiramente, porque nos ajuda a compreender o motivo pelo qual Heidegger esperava que determinados conceitos e pensamentos, tradicionalmente subsumidos sob o campo da "Estética", poderiam se tornar úteis na elaboração de uma alternativa para o paradigma metafísico. Em segundo (e em especial), porque investigar essa questão revelará ainda um nível diferente de afinidades entre a cultura japonesa e o pensamento de Heidegger. Conde Kuki, é claro, aparece novamente na "Conversa" tão logo o Indagador e o japonês começam a enfrentar tais assuntos:

> J: Neste meio tempo, torna-se para mim cada vez mais misterioso como o conde Kuki pôde esperar do caminho de seu pensamento [do Indagador, i.e. Heidegger][21] alguma ajuda para construir uma estética. Pois sua caminhada [de Heidegger] deixa para trás, junto com a metafísica, também a estética que nela se funda.
>
> I: Mas de tal maneira que só então se possa pensar a essência do estético e situá-lo em seus limites.
>
> J: Talvez Kuki tenha se sentido atraído por esta perspectiva, pois dispunha de demasiada intuição e alto poder de meditação para se satisfazer com cálculos de doutrinas.
>
> I: Usava o termo europeu 'estética', mas pensava e procurava outra coisa... (2003, p. 108)

21. O uso de pronome "seu" nesse trecho deixa ambíguo algo que é claro no texto original de Heidegger, que o "caminho do seu pensamento" e a "caminhada" se refere ao trabalho filosófico de Heidegger e não, numa ambiguação, ao caminho ou à caminhada de Conde Kuki. "J: *Inzwischen wird mir immer rätselhafter, wie Graf Kuki darauf verfallen konnte, von* Ihrem *Denkweg eine Hilfe für seine Versuche zur Ästhetik zu erwarten. Denn* Ihr *Weg läßt mit der Metaphysik zugleich die in ihr gegründete Ästhetik hinter sich*" (1985, p. 131; grifos da tradutora). (N.T.)

O que Heidegger imaginava ser a busca de Kuki Shuzo? E em que, de fato, Kuki estava interessado? Há apenas uma resposta bem factual para essa pergunta. Nas passagens mais empíricas de *Reflexões sobre o gosto japonês* – bastante distantes de suas posteriores e problemáticas interpretações filosóficas –, Kuki investiu tempo considerável descrevendo certos gestos que são típicos das gueixas japonesas e de suas graciosidades. Isso é interessante, de fato, porque Heidegger utiliza os exemplos e os conceitos de "gesto" (*Gebärde*) e "graça" (*Anmut*), além do conceito de "alusão" (*Wink*), como parte de seu esforço permanente em evocar modalidades sobre as quais nós podemos experienciar o *Sein*. Se *Sein*, como temos visto, é o espaço da simultaneidade entre três movimentos de simultaneidades (de movimentos que desfazem distinções), então a questão sobre como poderíamos experienciar o *Sein* nos leva de volta, com complexidade e intensidade crescentes, à questão sobre como experimentamos o nada. Entretanto, o que graça, gestos e alusões (Heidegger usa essas palavras para evocar certos efeitos do Ser na expressão humana) têm em comum?

A resposta é, novamente, tríplice. Todos os três termos mostram uma forma. Eles todos são – em modos diferentes – incorporações da forma que eles fazem aparecer. Eles são todos momentâneos. Uma forma de unificar essas três observações seria, portanto, dizer que graça, gestos e alusões, assim como a linguagem poética, são todos instâncias da emergência da incorporação da forma – instâncias nas quais a emergência da incorporação da forma anda de mãos dadas com seu desaparecimento. Ainda outra – e mais condensada – forma de dizer a mesma coisa é chamar graça, gestos, alusões e linguagem poética como instâncias de epifania. Agora, o que tais instâncias de epifania têm a ver com a possibilidade de experimentar o nada e o *Sein*? Uma vez que levantamos essa questão, é importante mencionar que, na "Conversa", Heidegger (2003, p. 107) refere-se à existência humana como uma busca e uma travessia de um limite:

> I. Assim, enquanto andarilho da mensagem de desvelamento da duplicidade, o homem seria também o andarilho dos limites do ilimitado.
>
> J: Nestas andanças, ele procura o mistério do limite...

O limite evocado aqui é a fronteira entre, de um lado, nada e *Sein*, o domínio de múltipla indistinção, e, por outro lado, o mundo como aparece para o *Dasein*, o mundo como sempre já estruturado, interpretado e significativo, o mundo dos entes (*des Seienden*). Se, basicamente, a possibilidade da experiência humana é limitada ao mundo estruturado, interpretado, significativo, então, a única possibilidade de "experienciar" o nada e o *Sein* deve ser, de fato, uma experiência limite.[22] Deve ser a experiência de um momento, do acontecimento no qual a indistinção do *Sein* – quase – "atravessa a fronteira" para o lado da forma e da distinção entre ausência e presença. Esse deveria ser o momento em que forma e incorporação (isto é, presença como oposta à ausência) começam a se manifestar. Contudo,

22. Há duas razões pelas quais é problemático falar a respeito de uma "experiência" do *Sein* (e é por isso que, neste contexto, eu circundo a palavra "experiência" com aspas). O primeiro motivo, exposto pelo paradoxo Zen, é a impossibilidade de agarrar a não distinção (*Sein*) por meio do modo de apropriação de mundo baseado em conceitos ("experiência"). A segunda razão reside em o *Sein* ter substância, não devendo se referir a algo "puramente espiritual" (como o conceito de "experiência" normalmente o faz).

a fim de oferecer um vislumbre da "experiência" de *Sein*/nada, essa "experiência" necessita ser limitada a um momento (a um acontecimento, uma alusão, um vislumbre) –, porque tão logo forma ou presença/ausência estejam "lá" (ou não lá), a impressão da indistinção já desapareceu.

Reconhecer que o que quer que seja considerado uma "experiência" do *Sein* deva ser esse tipo de experiência limite nos possibilita compreender porque ainda outra forma de simultaneidade, a simultaneidade da emergência (aparecimento) e retirada, é um tema bastante importante no pensamento de Heidegger.[23] Podemos descrever esse ponto na forma de outro paradoxo: o que quer que "experienciamos" como nada/*Sein* (isto é, múltipla indistinção) deve cessar de ser nada/*Sein* a fim de ser experienciado. Ainda, visto de duas perspectivas diferentes, porém, complementares: a fim de *experienciarmos* nada/***Sein***, necessitamos de um mínimo de sentido/significado; contudo, a fim de experienciarmos **nada**/*Sein*, o significado deve ser eliminado. Os fenômenos da epifania – gesto, graça, alusão, linguagem poética – são tão fascinantes para Heidegger porque, em todos eles, o momento de sua emergência coincide com o momento de sua retirada.[24] Finalmente, isso explica de que forma Heidegger poderia esperar que a experiência estética – e, para ele, experiência estética era sempre uma experiência epifânica, uma "experiência" do *Sein*, com ênfase específica na

23. Ver "Zur Erörterung der Gelassenheit", em particular 39, 66.
24. É óbvio como, por meio da linguagem falada, essa insistência na simultaneidade da emergência e da desaparição converge com um aspecto da crítica ao "logocentrismo" de Jacques Derrida, desenvolvida em seus primeiros livros, isto é, a crítica do hábito logocêntrico de lidar com os sons da voz humana como se eles produzissem um presente permanente não evanescente.

temporalidade dessa "experiência", isto é, no seu jogo específico de aparecimento e retirada – devesse ter uma importância particular para a (tarefa epistemológica de) superação do paradigma metafísico. A experiência estética (essa parece ter sido a intuição decisiva de Heidegger) nos abre para a experiência limite do *Sein*, e ela, dessa forma, pertence a uma epistemologia que é baseada no contraste entre nada/*Sein* e o mundo das formas, no lugar de pertencer à distinção – metafísica – entre espiritualidade e materialidade.

5.

Apenas o próprio Kuki Shuzo poderia decidir se as especulações de Heidegger sobre *iki* como um paradigma para a experiência limite do nada/*Sein* teria qualquer coisa a ver com suas observações e reflexões – mas ele já estava morto fazia tempo quando Heidegger escreveu "*Gespräch von der Sprache*". Ao menos, podemos agora compreender como e por que Heidegger utilizou, ao falar sobre *iki*, duas (mais ou menos) associações epistemológicas a fim de relacionar *Anmut* (graça) com *Anwesen* (presença), e *Entzücken* (deleite) com *Entziehen* (retirada):

> J: Iki é a respiração do silêncio do deleite luminoso [*Entzückens*].
>
> I: Você compreende 'deleite' literalmente, então, como aquilo que enreda, arrebata – em direção ao silêncio.
>
> J: Há nada nisso, em lugar algum, de estímulo e impressão.
>
> I: O deleite é da mesma espécie da alusão que acena para frente, para trás e adiante.
>
> J: A alusão, desta forma, é a mensagem do velado que se abre.

I: Então, toda presença [*Anwesen*] teria sua fonte na graça [*Anmut*], no senso do puro deleite [*Entzückens*] do aceno do silêncio.[25]

Essa definição de *iki* – ou, antes, essa forma de utilizar algumas associações em torno do conceito de *iki* de forma a explicar seu próprio pensamento a respeito das possibilidades de "experienciar" o Ser – pode ter convencido Heidegger, no processo de escrita do seu "*Gespräch*", de que ele havia finalmente encontrado o acesso correto, a "abertura", para a cultura japonesa, pois nas páginas seguintes, o Indagador pede ao seu interlocutor japonês que nomeie o conceito mais revelador com o qual a cultura japonesa compreende a essência da linguagem (a palavra que o interlocutor zelosamente oferece é "koto ba") – cuja ocasião o Indagador/Heidegger aproveita, de forma condescendente, para explicar ao interlocutor japonês sua própria compreensão cultural sobre "linguagem":

I: Qual é a palavra japonesa para 'linguagem'?

J: (depois de muita hesitação) É '*Koto ba*'.

I: Mas o que ela diz?

J: *Ba* evoca as folhas, sobretudo as folhas da floração. Pense na floração da cerejeira e da ameixeira.

I: E o que diz *koto?*

25. Tradução de Mariana Lage, respeitando os destaque dados por Gumbrecht às palavras *Anwesen*, *Anmut* e *Entzücken*. No original, lê-se: "*(J:) Iki ist das Wehen der Stille des leuchtenden Entzückens. (F:) Das Entzücken verstehen Sie dann wörtlich als Entziehen, Hinzücken – nämlich in die Stille. (J:) Hier ist überall nichts von Reiz und Impression. (F:) Das Entzücken ist von der Art des Fort- und Hin- und Herwinkens. (J:) Der Wink aber ist de Botschaft des lichtenden Verhüllens. (F:) So hätte alles Anwesen seine Herkunft in der Anmut im Sinne des reinen Entzückens der rufenden Stille*" (Heidegger, 1985, p. 133). (N.T.)

J: [...] o puro deleite [*Entzücken*] do aceno de quietude [...], aquele que no acontecimento proporciona ele mesmo deleite, aquele que de forma única em cada momento irrepetível [*Augenblick*] vem à radiância na completude de sua graça.

I: Koto seria, então, o acontecimento apropriador [*Ereignis*] da mensagem luminosa da graça [*Anmut*]

J: Belamente dito [...].[26]

Apenas os admiradores incondicionais de Heidegger não achariam embaraçosa essa conclusão (auto)congratulatória de sua principal interpretação da cultura japonesa, assim como apenas os viciados em Heidegger nunca desejariam que ele (ao menos algumas vezes) dispensasse suas especulações etimológicas. De toda forma, parece que a intuição básica de Heidegger sobre a afinidade entre sua própria filosofia e certa concepção do pensamento japonês (ou, talvez, genericamente asiático) de pensar a relação entre o homem e o mundo não era infundada (muito menos infundada do que podemos imaginar à luz da anedota circunstancial em torno da relação de Heidegger com Kuki) – e que a intuição inicial a respeito da afinidade o empurrou em uma direção intelectualmente produtiva.

26. Tradução direta do alemão: "*(F): Wie heißt das japanische Wort für 'Sprache'? (J): (nach weiterem Zögern) es heißt 'Koto ba'. (F:) Und was sagt dies? (J): ba nennt die Blätter, auch and zumal die Blütenblätter. Denken Sie and die Kirschblüte und an die Plaumenblüte. (F): Und was sagt Koto? (J:) [...] das reine Entzücken der rufenden Stille [...] das jeweils Entzückende selbst, das einzig je im unwiederholbaren Augenblick mit der Fülle seines Anmutens zum Scheinen kommt (F:) Koto wäre dann das Ereignis der lichtenden Botschaft der Anmut. (J:) Herlich gesagt.*" (Heidegger, 1985, p. 134-135). (N.T.)

Isso porque parece[27] que a distinção "metafísica" entre "matéria" (superfície) e "espírito" (profundidade) desempenha apenas um papel subordinado (se é que desempenha qualquer papel) na cultura tradicional japonesa. O que parece tão central na cultura japonesa quanto o paradigma metafísico na cultura ocidental é a distinção entre, de um lado, nada (muito no sentido do conceito de *Sein* de Heidegger) e, de outro lado, a esfera de distinções e formas, de formas que são ausentes ou presentes. Enquanto é trivial insistir que o conceito de "nada" é mais importante para qualquer uma das culturas asiáticas do que para a cultura ocidental como um todo (ao menos para a cultura ocidental na sua era metafísica), a tese mais específica de que o conceito de "nada" da cultura japonesa é o nada no sentido do *Sein* de Heidegger – isto é, um nada que inclui a indistinção entre presença e ausência – exige, no entanto, uma explicação. Ao reivindicar essa aproximação entre alguns fenômenos da cultura japonesa e o pensamento de Heidegger, estou confiando na impressão de que materialidade, coisidade e presença (e ausência) ocupam um lugar dentro da cultura japonesa que é mais incondicional e menos relativo do que o local que a materialidade, coisidade e presença desempenham na cultura ocidental. Na moderna cultura ocidental, o valor

27. Minha reflexão final, como admiti abertamente, é meramente baseada na discussão de um seminário ("O outro asiático da cultura ocidental") que ensinei no Stanford Japan Center, em Kyoto, durante o trimestre letivo de primavera de 2000 e em um número de ensaios, escritos por pesquisadores da cultura japonesa, sobre os quais nos debruçamos durante aquele curso. Enquanto vou me abster de referenciar aquelas autoridades disciplinares para a confirmação (ou refutação) dos meus pontos de vista, gostaria de mencionar, com gratidão, o encorajamento que recebi da leitura do livro de K. Ludwig Pfeiffer, *Das Mediale und das Imaginäre*.

material (a "superfície") dos significantes, por exemplo, tende a desaparecer, uma vez que os vemos em suas funções como significantes e, assim, tratamos de identificar seu significado "profundo". Em contraste, a importância da caligrafia é a prova de que as coisas são diferentes na cultura japonesa – e, mais uma vez, obviamente, não apenas na cultura japonesa –, em que a apreciação da escrita é largamente independente do significado que ela carrega. A mesma diferença se torna manifesta na intuição de que, dentro da cultura japonesa, uma interpretação (por exemplo, uma interpretação cosmológica do arranjo das pedras em um jardim de pedras budista) nunca colocaria entre parênteses, nem mesmo eliminaria, a impressão da coisidade, ao efeito de presença, daquelas pedras. Jardins de pedras parecem funcionar simultaneamente em duas formas distintas: tanto como representação de um sentido cosmológico a ser interpretado quanto como referência material para meditação (em cuja função secundária eles produzem efeitos de "epifania").[28] Sem dúvida, isso pode também acontecer, sob determinadas circunstâncias, na cultura ocidental – como uma ambivalência reativa ou como uma estrutura de oscilação. No entanto, ao invés de ser uma exceção, isso parece ser constitutivo da cultura asiática. Dessa forma, ausência e presença são, de fato, indivisíveis nessa visão dicotômica do mundo.

Baseando-se na observação de que a materialidade das coisas não parece desaparecer na cultura japonesa, uma vez que

28. Isso me foi pela primeira vez explicado por um guia turístico japonês, que, após interpretar um jardim japonês como uma representação do universo, acrescentou, como um aspecto adicional de apreciação, que aquelas rochas "eram deliciosas na forma com que permaneciam em seus lugares".

essas coisas são associadas a um significado (cuja condição as separa da lógica metafísica do significado e significante), uma hipótese adicional deve ser arriscada aqui a partir de um ponto de vista sociológico. A hipótese diz que, dentro da cultura japonesa (mesmo dentro da moderna cultura japonesa), a distinção entre público e privado é marginal em comparação à distinção entre profano e sagrado. A distinção profano/sagrado parece como uma cópia da distinção entre nada (ou *Sein*) e forma (implicando uma distinção entre presente e ausente). Isso nos possibilita pensar que a dinâmica da cultura, dentro do contexto japonês, reside no desafio perene de transformar o profano (o não distinto) em sagrado (aquilo que tem forma e que está ou presente ou ausente). Embora isso seja difícil para ocidentais consentirem, o não distinto é sempre ameaçador e impuro na cultura japonesa (florestas são habitadas por demônios), e não, ao contrário, se oferece como objeto de desejo (como a "pura materialidade da natureza" se oferece sob a concepção de "natureza", que é típica para românticos ocidentais e para a cultura pós-romântica). O que quer que seja, de toda forma, transformado em cultura – tais como os jardins japoneses, os quais são ostensivamente encenados como natureza transformada em cultura, pelo esforço humano e pelo design –, o que quer que seja identificado como "cultura" no Japão, exibe, de fato, múltiplas distinções e linhas divisórias, as quais produzem formas em conjunto a uma forte sensação de contraste entre presença e ausência (jardins japoneses nunca tentam parecer "naturais"). Nesse contexto, seria completamente inadequado pensar que a cultura japonesa reduz, em geral, ou mesmo evita, a produção de sentido. Se a cultura japonesa parece uma cultura não metafísica, não é porque ela reprime a produção de sentido. A diferença básica, antes, reside nas formas diferentes de pensar sobre e, de fato, encenar a produção de sentido. Para a cultura japonesa, produzir sentido é transformar o nada em forma; para a cultura ocidental, produzir sentido é interpretar, isto é, é ora buscar e identificar sentido nas coisas e nos humanos, e/ou ora atribuir sentido a elas.

A observação mais surpreendente de alteridade cultural, contudo, reside na importância central do que gostaria de chamar de "acontecimentos de epifania" na arte e na literatura do Japão. A arte e a literatura japonesas constantemente criam cenas em que algo material "vem à tona" (e desaparece), ganha (ou perde) forma e presença no processo. Isto é o que quero dizer com "acontecimentos de epifania". Com nossa interpretação heideggeriana em mente, podemos agora especular que, como acontecimentos de epifania, arte e literatura no Japão são, em uma extensão ampla, engajadas em oferecer uma "experiência" específica de nada/*Sein*. Nas duas encenações clássicas e tradicionais da cultura japonesa, o Nô e o Kabuki, tais momentos de emergência (e retirada) são decisivos, e são grandemente apreciados pelo público. Os atores do Nô e Kabuki adentram em cena e saem dela atravessando uma ponte que os conduz da plateia para o palco – e a mistura das situações de presença/ausência em suas "entradas" e "saídas", de seus "aparecimentos" e "desaparecimentos", geralmente dura mais tempo do que sua presença real no palco ou dentro do enredo.[29] Sincronizados, no teatro Nô, com as (para ouvidos ocidentais) batidas monó-

29. Os ingressos mais caros para as performances Kabuki são aquelas mais próximas ao meio dessa "ponte".

tonas de dois tipos de tambores arcaicos, os corpos dos atores parecem ganhar forma e presença na medida em que eles surgem por detrás da cortina e se aproximam do palco; e eles parecem desfazer essa presença e essa forma quando lentamente se retiram. Os demônios, que normalmente levam ainda mais tempo para chegar ao palco do que as "personas" humanas, parecem oscilar entre ter uma forma ou apenas ser a indistinção profana. Tendo alcançado o palco, eles podem "tornar-se" todo tipo de corpo e de papéis humanos – mas, quando a narrativa deseja que eles permaneçam demônios, suas aparências tendem a desfazer tais formas. Então, seus cabelos parecem selvagens e exuberantes; e enquanto o ritmo de seus movimentos se torna difícil de acompanhar, seus olhos não estão nem abertos nem fechados, e suas línguas estão esticadas para fora. Eles, podemos imaginar, são a versão da face do Ser e do nada. O teatro Kabuki, além do surgimento de uma *persona*, produz a impressão específica da duplicidade, da simultaneidade de ente e Ser, como podemos agora chamá-la. Quando atores masculinos de idade avançada incorporam jovens moças ou gueixas, suas metas não são, de forma alguma, produzir, por assim dizer, uma ilusão "sem suturas". Pelo contrário – e aqui reside um ponto de convergência com a autoencenação dos jardins japoneses –, é bastante importante no teatro Kabuki que o espectador seja capaz de perceber e apreciar a simultaneidade de (assim como a tensão potencial entre) o corpo de um homem velho e os gestos (a articulação altamente arranjada) de um corpo feminino jovem para o qual os gestos do corpo do ator apontam como forma. Essa copresença de elementos incomensuráveis evocará uma esfera específica de indistinção entre "masculino" e "feminino", "velho" e "jovem".

Um terceiro (e último) aspecto por meio do qual a literatura japonesa parece tangenciar a epistemologia de Heidegger tem a ver com o que se poderia referir como "temporalidades extremas", como a brevidade e a repentinidade do momento em que o *Sein* se aproxima do limiar que o separa do mundo das distinções. Isso também tem a ver com a repentinidade[30] e a brevidade das alusões do *Sein* para a existência humana. Podemos ler os haicais japoneses – aqueles pequenos textos que, à primeira vista, parecem como *poèmes en prose* minimalistas –, juntamente com as observações de Heidegger sobre a simultaneidade da graça e do deleite (*Anmut* e *Entzücken*), emergência e retirada. Quase invariavelmente, o conteúdo dos haicais evoca o acontecimento de uma emergência; de uma emergência, de qualquer forma, cujo efeito material está sujeito a desaparecer ao mesmo tempo em que aparece (como os efeitos materiais do som repentino ou do relâmpago). Tais cenas de simultaneidade de emergência e desaparição evocadas pelo conteúdo dos haicais duplicariam a impressão sonora que qualquer recitação produz. Alguns haicais encenam o repentino de uma forma que é estritamente relacionada a objetos: "Venho pelo caminho da montanha. Ah, que primoroso! Uma violeta!" Outros oferecem um *status* explicitamente alegórico do efeito do repentino: "Quão

30. Estou aludindo aqui à discussão de Karl Heinz Bohrer sobre *Plötzlichkeit* como categoria estética central.

admirável é/Quem não pensa 'a vida é efêmera'/ quando vê um relâmpago!"[31]

6.

Agora, se a impressão está correta, a de que alguns conceitos que Heidegger desenvolve em "De uma conversa sobre linguagem" são bastante adequados para a descrição da cultura japonesa, isso significaria dizer que há algo estranho em torno desse caso. Em um clima filosófico no qual, desde a recepção do livro *Orientalismos*, de Edward Said (e por boas razões), nos tornamos céticos a respeito da possibilidade de compreensão de qualquer cultura que não seja a nossa, como então poderíamos aceitar que alguém tão provinciano como Heidegger, alguém tão culturalmente cego como era Heidegger para qualquer coisa que se situasse fora do seu nicho greco-germânico, que, enfim, esse turista da Floresta Negra tenha compreendido a cultura japonesa de uma forma correta – embora ele tenha compreendido profundamente mal o único conceito (*iki*) sobre o qual se debruçou? Atribuir esse milagre hermenêutico ao "gênio de Heidegger" ou ao "poder intelectual superior de sua filosofia" seria nada mais que preguiça intelectual. O caso é mais interessante do que isso – e de fato se torna um "caso" em relação à situação mais geral –, uma vez que outro eminente intelectual ocidental, Roland Barthes, que, em seu livro *O império dos signos*

31. Citado, com uma modificação no segundo texto, de *The Empire of Sign* [71ff.], a tradução em inglês de *L'empire des signes*, de Roland Barthes. (Barthes, Roland. *O império dos signos*. Tradução de Leyla Perrone-Moisés. São Paulo: WMF Martins Fontes, 2007).

(publicado pela primeira vez em 1970), também compreendeu bem e corretamente, embora, como no caso de Heidegger, todas as premissas com as quais se aproximou da cultura japonesa estavam erradas. Quando Roland Barthes fez um circuito de conferências no Japão, durante o final da década de 1960, ele ainda se considerava um semioticista, mas sabemos a partir de seu trabalho subsequente que Barthes estava prestes a abandonar esse paradigma. Como o título desse livro sobre o Japão sugere, ele deve ter viajado para o Japão com a ideia de que o país seria mais "semiótico", mais "legível", dentro da lógica binária de significante e significado, do que a cultura ocidental. Capítulo após capítulo, contudo, Barthes se mostrava sincero o bastante para discutir sua reiterada impressão de que a cultura japonesa rejeitava, de certo modo, essa lógica. Ele estava particularmente impressionado, nesse sentido, por sua descoberta de que os rostos japoneses não "expressavam" estados mentais, da psique ou mesmo da alma. Comentando fotografias do começo do século XX de um almirante japonês e sua esposa, tirada na véspera de seu suicídio conjunto, Barthes escreveu: "*Ils vont mourir, ils le savent – et cela ne se voit pas*" (1970, p. 124-125) ["Eles irão morrer, eles sabem disso – e isso não é visto" (1982, p. 92-93)].

Haveria uma "condição de sucesso" secreta que as abordagens de Heidegger e de Barthes compartilham entre si – para além do *status* inadequado de suas premissas hermenêuticas? Menos visível do que provincianismo deliberado e quase ideológico de Heidegger e o provincianismo apenas aparentemente "cosmopolita" do intelectual de Paris é o fato biográfico (e aleatório) de que ambos estavam em um processo de se distanciarem de seus próprios paradigmas ocidentais durante o momento mesmo de suas vidas em que abordaram a cultura japonesa. Superar a metafísica ocidental havia se tornado definitivamente um objetivo programático do filosofar de Heidegger a partir do começo dos anos 1950; Roland Barthes havia iniciado uma revisão (auto) crítica de suas teorias semióticas em torno de 1970. Em ambos os casos, tal distância – relativa e talvez apenas transitória – de paradigmas que pertenciam fundamentalmente à cultura ocidental parece ter produzido uma abertura para o Outro – japonês. Paradoxalmente, essa abertura não fazia parte das intenções programáticas nem de Heidegger nem de Barthes. Mais do que uma abertura deliberada em direção a outra cultura, suas atitudes eram de insegurança dentro de seus próprios paradigmas intelectuais. Essa (meia-)distância, essa ausência de segurança dentro de seus próprios paradigmas, parece ter desencadeado uma crescente prontidão para revisar certas premissas sobre a cultura estrangeira e até mesmo para aplicar tais "revisões" nas relações que Heidegger e Barthes mantiveram com suas próprias culturas, germânica e francesa. Para utilizar um conceito de Claude Lévi-Strauss, que era imensamente popular na esfera intelectual que Heidegger e Barthes habitavam: tratava-se de uma meia-distância, diante de suas próprias culturas, que encorajou Heidegger e Barthes a se engajarem num estilo de prática intelectual que chamamos de "bricolagem". Meia-distância e bricolagem podem ser, de fato, premissas melhores para a compreensão do Outro do que aqueles "métodos" ("*toujours rigoureuses*") com os quais sonhávamos durante os anos em que nosso perene complexo de inferioridade como humanistas nos enredou sob o feitiço das ciências sociais.

BARTHES, Roland. *The empire of Signs*. Trans. Richard Howard. New York: Hill and Wang, 1982. Trans. Of *L'empire des signes*. Genève: Skira, 1970.

BOHRER, Karl Heinz. *Das absolute Präsens: Die Semantik ästhetischer Zeit*. Frankfurt/Main: Suhrkamp, 1994.

________. *Plötzlichkeit: Zum Augenblick des ästhetischen Scheins*. Frankfurt/Main: Suhrkamp, 1981.

FUCHS, Peter. "Vom Zweitlosen: Paradoxe Kommunikation im Zen-Buddhismus". *Reden und Schweigen*. Ed. Niklas Luhmann and Peter Fuchs, p. 46-49.

GUMBRECHT, Hans Ulrich. Leo Spitzers. *Stil*. Köln: Naur, 2001.

HAHN, Alois. "Sinn und Sinnlosigkeit". *Sinn, Kommunikation und soziale Differenzierung: Beiträge zu Luhmanns Theorie sozialer systeme*. Ed. Hans Haferkamp and Michael Schmid. Frankfurt/Main: Suhrkamp, 1987, p. 155-164.

HEIDEGGER, Martin. "A Dialogue on Language between a Japanese and an Inquirer". *On the Way to Language*. Trans. Peter D. Hertz. New York: Harper and Row, 1971, p. 1-54. Trans. Of "Aus einem Gespräch von der Sprache – zwischen einem Japaner und einem Fragenden". *Unterwegs zur Sprache*. Pfullingen: Neske, 1959, p. 83-155.

________. "Zur Erörterung der Gelassenheit: Aus einem Feldweggespräch über das Denken". *Gelassenheit*. Pfullingen: Neske, 1959.

LUHMANN, Niklas. "On the concepts 'Subject' and 'Action'". *Social Systems.* Stanford: Stanford University Press, 1995, p. 37-52.

LUHMANN, Niklas; FUCHS, Peter. *Reden und Schweigen.* Frankfurt/Main: Suhrkamp, 1989.

NANCY, Jean-Luc. *The Birth to Presence.* Stanford: Stanford University Press, 1993.

NISHITANI, Keiji. *Religion and Nothingness.* Trans. and intro. Jan Van Bragt. Berkeley: University of California Press, 1982.

OTT, Hugo. *Martin Heidegger: Unterwegs zur seiner Biographie.* Frankfurt/Main: Campus, 1988.

PFEIFFER, K. Ludwig. *Das Mediale und das Imaginäre: Dimensionen kulturanthropologisher Medientheorie.* Frankfurt/Main: Suhrkamp, 1999.

PINCUS, Leslie. *Authenticating Culture in Imperial Japan: Kuki Shuzo and the Rise of National Aesthetics.* Berkeley: University of California Press, 1996.

SHUZO, Kuki. *Reflections on Japanese Taste: The Structure of Iki.* Trans. John Clark. Ed. Sakuko Matsui and John Clark. Sydney: Power, 1997.

VATTIMO, Gianni. *Beyond Interpretation: The Meaning of Hermeneutics for Philosophy.* Stanford: Stanford University Press, 1997.

COMO SE APROXIMAR DA "POESIA COMO UM MODO DE ATENÇÃO"?[1]

Como parte de um livro que reúne textos que analisam o fenômeno da "atenção" sob diferentes ângulos, minha contribuição tem uma pré-história específica que precisa ser explicada, a fim de tornar a publicação desse artigo possível. Quando minha amiga e eminente colega Katalin Kállay primeiramente me convidou a participar de um colóquio sobre "atenção" a ser organizado em Budapeste, aceitei de forma entusiasmada – por dois motivos principais. Um era minha experiência consistentemente positiva com a qualidade dos eventos intelectuais que acontecem em Budapeste. Todavia, também assegurei Katalin que dificilmente havia outro tópico que exercia maior atração no meu trabalho do que "atenção", visto do ângulo da poesia como "modo específico de atenção".

1. Conferência proferida originalmente no Ciclo de debates "The Arts of Attention", entre 11 e 14 de setembro de 2013, na Károli University, Hungria, organizado por Katalin G. Kállay, Ádám Bogár e Rebeka Szigethy.

A fascinação por "atenção poética" estava enraizada em conversas regulares com Lucy Alford, uma jovem poeta extraordinária que está perto de concluir, no Departamento de Literatura Comparada da Universidade de Stanford, sua tese de doutorado sobre o assunto (tese que, como orientador acadêmico, acredito fortemente ter o potencial de produzir uma impressão imediata – e, no longo prazo, uma genuína diferença intelectual – no universo da Teoria Literária e da Crítica Literária de forma geral). Sua hipótese central afirma que a atenção, em níveis de intensidades e formas históricas individualmente diferentes, é não apenas um pré-requisito "natural" para a leitura e a apreciação de poesia; de acordo com Lucy Alford, é igualmente necessário descrever e apreciar poesia como um modo de evocar e cultivar o potencial específico da psique humana para aquilo que nos referimos com o conceito de "atenção". "Poesia" e "atenção", desse ponto de vista, são não apenas mutuamente dependentes, mas, por assim dizer, coextensivos, mais do que subordinados um ao outro.

Se nossa colaboração tornou obrigatório dar a Lucy Alford crédito total e completa admiração no começo da minha conferência em Budapeste, escrever um texto baseado naquela performance de autoria exclusivamente minha parecia, a princípio, impensável. Dessa forma, propus a ela um publicação a quatro mãos, proposta recusada por ela, tendo como motivo principal e plausível o desejo de não perder o foco do ritmo em finalizar o último capítulo de sua tese. Por outro lado, Katalin Kállay demonstrou sério interesse em ter um ensaio sobre o fenômeno da atenção poética no volume em que estava preparando como editora. Nessa situação difícil de propriedade intelectual, interesse e tensão, nós três encontramos uma solução, representada aqui neste texto. Ela é baseada no fato nada problemático ou incontroverso de que algumas das ferramentas conceituais utilizadas por Lucy Alford em sua tese, com o fito de se aproximar do fenômeno da atenção poética ao seu próprio modo inovador, são baseadas em alguns dos meus artigos acadêmicos dos últimos vinte e cinco anos. Dessa forma, poderia descrever, sob meu nome e baseado nas minhas próprias publicações, as etapas dessa aproximação – deixando em aberto o campo em que a tese ocupará em breve. Quando esse espaço em aberto não puder ser totalmente mantido, o nome de Lucy Alford será mencionado.

*

Os pensamentos de Alford a respeito da relação de inseparabilidade entre atenção e poesia são estritamente fenomenológicos, e por "fenomenológico" me refiro a um estilo intelectual particular. Em vez de principalmente ou exclusivamente confiar no legado ocidental poetológico ou em descobertas científicas recentes, Alford se concentra nas formas de comportamento que podem ser observadas na mente do escritor ou do leitor (e, em certo grau, também no corpo do escritor e do leitor) enquanto a escrita, a leitura e, também, a escuta da poesia estão acontecendo – e a autora então descreve essas observações da forma mais precisa possível. Anteriores às suas auto-observações e formadoras dessas mesmas observações, acredito, são três premissas em torno do conceito de "atenção". "Atenção" significa, primeiramente, uma abertura da mente para o mundo ("mente" e "consciência" são conceitos mais extensivos em comparação a "atenção", a qual é vista como uma função específica da consciência). Em segundo lugar, ela opta pela possibilidade de se concentrar na atenção independentemente ou anteriormente ao aparecimento dos objetos de atenção. Além do mais, é possível ser aberto e atento ao mundo em geral, antes que fenômenos específicos tornem percepções sensoriais registradas pela consciência e, dessa forma, se transformem em "objetos intencionais". Isso, contudo, não implica uma preferência por aqueles poemas que ela caracteriza com frases como "consciência sem objeto" ou "atenção intransitiva". Em terceiro lugar, ela pensa em escala quantitativa (ao invés de contrastes qualitativos) quando ela tenta distinguir entre diferentes tipos de atenção. A atenção pode ser, por exemplo, "amplamente aberta" ou "estritamente focada".

De acordo com a já mencionada tese central de Alford, os textos que chamamos de "poesia" se referem – e sempre se referiram – à atenção em um sentido essencial. Eles tratam de atenção não somente como condição para apreender ou imaginar o mundo por meio da constituição de objetos intencionais na base dos textos; com frequência e por contraste, poemas lidam principalmente com a produção, o treino e a prática da atenção. Podemos, dessa forma, inverter a relação entre atenção e objetos intencionais como normalmente a vemos. Em poesia, a atenção não é exclusivamente (ou talvez nem mesmo primariamente) um pré-requisito para a constituição de objetos intencionais. Antes, a existência de objetos relacionais pode ser vista algumas vezes como condição necessária para a constituição de diferentes tipos e escalas de atenção.

A relação entre a tese de Alford e meus trabalhos anteriores é baseada na intuição de que ao menos alguns tipos de atenção inter-relacionados com a poesia são similares à atenção associada com feitiços e outras práticas religiosas arcaicas.[2] Não por coincidência, os primeiros poemas da tradição ocidental, as canções de Safo e Píndaro, em louvor de belas mulheres jovens e atletas de destaque, pertencem à circunstância ritual de falar com os Deuses. As funções institucionais dessas situações são predominantemente mágicas, isto é, elas têm a intenção de tornar presentes coisas e pessoas originalmente ausentes para nós e tornar ausentes pessoas e coisas originalmente presentes – e elas assim o faziam, como tentarei explicar, por meio de formas linguísticas específicas aptas a produzir uma impressão de tempo em suspenso. Não desejo sugerir, no entanto, que a poesia é "religiosa" em essência. Antes, poesia e textos religiosos compartilham uma afinidade dupla: em primeiro lugar, uma afinidade com o ritmo constituído pela prosódia; e em segundo, uma afinidade com a magia, mediada por meio do ritmo. Além disso, assumo que a poesia é primariamente (mas, claro, não necessariamente) feita para performance, mais especificamente para recitação, para ser cantada, para ser lida em voz alta. A estrutura prosódica que se torna visível no esboço manuscrito ou no poema escrito de fato nos lembra de sua performance potencial – enquanto nada, em um poema recitado, poderia

2. Ver minha contribuição "744 – Bishop Bonifatius founds the monastery at Fulda, where – nearly two centuries later – magical formulas in old high German are recorded on an empty condex page. The Charm of Charms". In: David Wellbery e.a. (eds). *A New History of German Literature*. Cambridge, MA, 2007. p. 1-7.

nos levar a pensar que sua verdadeira ontologia é sobre estar presente na página, na bidimensionalidade.

A fim de ilustrar a impressão de tempo suspenso como um efeito da linguagem poética e sua associação com funções mágicas, Alford utiliza o admirável poema "Astern", de Gottfried Benn, um texto que estimo há mais de cinco décadas. Ele descreve um daqueles momentos – inevitavelmente transitórios – de estase temporal que a poesia pode produzir ao mesmo tempo em que a performa (e, portanto, produz) a própria estase, graças à forma prosódica. Ler esses versos em voz alta no original alemão ou em uma tradução excepcional em inglês torna presente aquilo sobre o qual o texto também fala:

Astern – schwälende Tage,
alte Beschwörung, Bann,
die Götter halten die Waage
eine zögende Stunde an.

Noch einmal die goldenen Herden
der Himmel, das Licht, der Flor,
was brütet das alte Werden
unter den sterbenden Flügeln vor?

Noch einmal das Ersehnte,
den Rausch, der Rosen Du –
der Sommer stand und lehnte
und sah den Schwalben zu,

noch einmal ein Vermuten,
wo längst Gewissheit wacht:

die Schwalben streifen die Fluten
und trinken Fahrt und Nacht.

Áster – dias intumescidos,
antigo juramento, banida miragem,
os deuses seguram a carruagem
por um momento hesitante.

Mais uma vez os rebanhos dourados
o firmamento, a luz, a florescência,
de onde engendra a velha deiscência
debaixo das asas efêmeras?

Mais uma vez o talante
o inebriante, das rosas tu –
o verão veio e exuberante
e contemplou as andorinhas do sul,

mais uma vez a incerteza,
onde há muito a consciência age
as andorinhas tocam a correnteza:
e bebem viagem e voragem[3].

O poema sugere um anseio ou, talvez, apenas um vago humor de agarrar-se ao verão durante um momento do ano em que ele começa a evanescer, e, com surpreendente franqueza, essa inclinação aparece relacionada a práticas mágicas de "velhos

3. Original alemão e tradução em inglês citado de Gottfried Benn: *Prose - Essays - Poems*. Edited by Volkmar Sander. Foreword by E. B. Ashron. Introduction by Reinhart Paul Becker, New York, 1987. p. 214-217. Tradução para português de Viviane de Santana Paulo em *(n.t.) revista literária em tradução*. ano v - setembro 2014.

encantamentos" e "feitiço". "Mais uma vez", a luz, o cenário e algumas memórias pessoais do verão tornam-se presentes no texto, mas essa presença é apenas a presença de um breve momento inevitavelmente passageiro, a presença de uma tarde ou de um crepúsculo talvez. Um lampejo de fim de verão tornou-se vivo ("o oblíquo verão lá estava")[4] contra o fluxo irreversível do tempo, antecipando seu evanescimento com a mudança das estações ("de onde engendra a velha deiscência debaixo das asas efêmeras?"). No entanto, o texto é mais do que uma simples descrição daquele desejo ou daquele breve momento de realização. Se lermos o poema em voz alta, seu ritmo pode produzir, por um breve momento, a impressão de invocação e de manter viva a presença do fim do verão. Pois poemas são muitas vezes capazes de performar aquilo que descrevem tão bem.

Tentarei desenvolver agora, em cinco passos subsequentes, a dupla relação entre poesia e presentificação ("tornar presente") e entre presentificação e uma forma específica, *status* central de atenção. O passo um é a proposta para a definição fundamental de "ritmo" como forma dinâmica. Baseado nisso, tentarei descrever, em um segundo passo, um contraste muitas vezes negligenciado entre a relação de ritmo e consciência (sentido, pensamento) de um lado e, de outro, uma relação bem distinta entre ritmo e percepção (sensualidade, imaginação). Em sua complexidade, esse contraste explicará como o ritmo pode modificar o estado de espírito dos leitores, produzir uma impressão de tempo em suspenso e, assim, fornecer uma abertura por meio da qual o que está ausente e remoto se torna presente. Desse

4. Na versão bilíngue referenciada por Gumbrecht, o verso diz: "*der Sommer stand und lehnte*"; "*The slanting summer stood there*". (N.T.)

ponto, chegarei ao terceiro passo decisivo (mais amplamente desenvolvido na tese de Alford), o *insight* de que, para que a presentificação aconteça, torna-se necessária a simultaneidade de diferentes modos e funções da atenção; e que sua complexidade acaba por atribuir um *status* central ao treinamento da atenção na recepção da poesia. Um quarto passo nos levará a uma descoberta filosófica recente concernente à convergência entre a estrutura da atenção requerida pela presentificação poética e o conceito de "acontecimento da verdade" como "desvelamento do Ser", de Martin Heidegger. Concluindo, no quinto e último passo, pensarei então em uma questão que poderia ser derivada do trabalho de Lucy Alford, isto é, a questão referente ao *status* da atenção poética, da presentificação e do desvelamento do Ser sob as condições específicas da vida contemporânea e dependente de determinadas formas de comunicação hoje vigentes. Como discurso descritivo, a sequência de minhas reflexões será bem abstrata. Contudo, também aludirá a um elevado grau de concretude, por estar ancorado em algumas operações da mente e dos sentidos que todo leitor deveria ser capaz de descobrir e experienciar por conta própria, em seu próprio pensar e processar o mundo.

*

Para o propósito deste ensaio, utilizamos "ritmo" como noção que compreende todo tipo de formas linguísticas que associamos especificamente com "poesia" (isto é, estrutura de verso, rima, estrofe etc).[5] Esta é uma abertura em direção à definição extensiva da palavra, concentrando-se em objetos e fenômenos aos quais se refere. Para uma definição mais semântica e intencional, proponho descrever "ritmo" como uma solução ao problema de como um objeto temporal em sentido específico é capaz de adquirir forma. Contudo, qual é exatamente o problema aqui? "Objetos temporais em sentido específico" são fenômenos que somente podem existir em seu desdobrar temporal, como, por exemplo, movimento, linguagem falada ou música. De acordo com o teórico sistêmico Niklas Luhmann,[6] "forma" é a simultaneidade de autorreferência e referência externa. Um círculo, por exemplo, direciona a atenção do observador para sua interioridade (autorreferência) e, ao mesmo tempo, para o "resto do mundo" que não está circunscrito pelo círculo ("referência externa"). Se você agora imagina que a linha que delineia o círculo começa a expandir e a contrair, então o espaço interno que é circunscrito começa a alterar e não é mais idêntico a si mesmo. Em outras palavras, um círculo movente não parece ter a estabilidade que associamos com o conceito de "forma".

A mediação dessa aparente contradição entre movimento (como propriedade de objetos temporais) e estabilidade da forma emerge com a repetição. Se os movimentos de expansão e contração do círculo, depois de um tempo, recomeça e torna a repetir a mesma sequência de movimentos iniciais uma e

5. Ver (sobretudo para mais referências bibliográficas) meu ensaio "Rhythmus und Sinn" *in* Gumbrecht, Hans Ulrich; Pfeiffer, K. Ludwig (ed). *Materialität der Kommunikation*. Frankfurt/Main, 1988; p. 714-729.
6. "Das Kunstwerk und die Selbstreproduktion der Kunst" *in* Gumbrecht, Hans Ulrich; Pfeiffer, K. Ludwig (ed). *Stil. Geschichten und Funktionen eines kulturwissenschaftlichen Diskurselements*. Frankfurt/Main, 1986. p. 620-672.

outra vez, então diremos que esse movimento tem um "ritmo", e por meio de sua repetição o círculo movente recupera uma identidade que identificamos por "forma dinâmica". Tal repetição, no entanto, rompe e suspende o fluxo irreversível do tempo cotidiano. Então, dizendo ainda de forma metafórica, podemos dizer que o fluxo do tempo interrompido e congelado funciona de fato como uma zona, mais precisamente como uma janela, através da qual momentos e coisas do passado (e, em princípio, também do futuro) podem se tornar presentes e como que "tangíveis" para nós. Esse mecanismo explica por que feitiços, breves dizeres usados para evocar coisas e situações do passado, são quase exclusivamente lançados em linguagem prosódica (rítmica). Pois essa linguagem interrompe a progressão do tempo cotidiano e torna possível que objetos e fenômenos do passado (e do futuro) se presentifiquem.

Alguns dos textos antigos escritos em língua alemã, por exemplo, são feitiços ("*Zaubersprüche*"). Um dos mais famosos (chamado "Primeiro Feitiço de Merseburg") começa dizendo, em verso e com pesada aliteração, como certa vez dois deuses cavalgavam; como um dos cavalos virou a pata; e como diversas deidades o curaram ao pronunciar fórmulas mágicas sobre o membro ferido. A implicação pragmática é que, ao recitar esses textos em uma situação contemporânea na qual um cavalo machuca sua pata, tornará presente o cenário narrado do passado para, assim, ativar no presente a eficácia das fórmulas de cura pronunciadas no passado pelas deidades. Obviamente, o poder evocador da prosódia não é restrito a tais situações épicas em que aparecem deuses e heróis. Todos já estamos familiarizados com o uso simples e frequente das funções mnemotécnicas do verso.

Possuir uma descrição em forma de verso de regras gramaticais, de etapas para uma estratégia comportamental ou de uma lista de conceitos contribui indubitavelmente para rememorar algo que, de outra forma, seria esquecido (aos 66 anos de idade, ainda posso recitar e mesmo cantar, em forma prosódica, algumas regras gramaticais do latim, regras que aprendi no ginásio alemão em fins da década de 1950, entre elas a afinação que contém todas as proposições que seguem o caso ablativo: "*a, e, de/ cum, sine, pro und prae*").

*

Como, então, o ritmo interage e interfere com a nossa apropriação de mundo orientada por conceitos (como oposta a uma apropriação baseada na percepção)? Como ponto de partida para responder a essa questão complexa, retomarei a teoria de sistemas sociais de Niklas Luhmann. Baseado em sua análise de diferentes tipos de "acoplamentos" (isto é, conexões) entre diferentes sistemas sociais, podemos sugerir e adiantar que o ritmo é o "domínio consensual" (isto é, o meio que coordena diferentes lados) de um "acoplamento de primeira ordem". Em sua distinção de dois tipos de acoplamento, Luhmann chama acoplamentos de segunda ordem de "produtivos", implicando que eles são configurações nas quais a interação entre diversos sistemas leva à emergência de níveis, fenômenos e estados (em todos os aspectos do acoplamento) que não apareceriam caso não houvesse essa interconectividade. Como resultado de acoplamentos de segunda ordem, Luhmann insiste, acima de tudo, em níveis internos de auto-observação e, até, em autogoverno, por meio dos quais sistemas tornam-se capazes de fazer distinções e, assim, desenvolver uma dimensão de "sentido" ou "semântica". Se há humanos envolvidos, podemos, é claro, associar tais níveis de sentido com a consciência.

Acoplamentos de primeira ordem, por contraste, são descritos como "não produtivos". Eles consistem em uma relação de retroalimentação entre sistemas em que o estado (a) do sistema um dispara o estado (b), inerente ao sistema dois; o estado (b), inerente ao sistema dois, dispara o estado (c), inerente ao sistema um; o estado (c), inerente ao sistema um, dispara o estado (d), inerente ao sistema dois, até que, depois de uma sequência curta ou longa, um determinado estado inerente ao sistema dois dispara o retorno ao estado (a), inerente ao sistema um, e, assim, inicia-se a repetição da sequência pela qual o sistema acabou de passar. Obviamente, a reiteração das sequências que acabei de descrever pode ser chamada de "ritmo". Observações, conceitos, semântica e outros acréscimos e mudanças duradouros, contudo, não emergem dos acoplamentos de primeira ordem. Na maioria dos casos, suponho, a reação mútua entre os sistemas envolvidos permanece no nível comparável e compatível à percepção humana (em oposição à experiência e ao sentido), o que torna acoplamentos de primeira ordem o meio apropriado para a coordenação de movimentos corporais – antes que o excesso de pensamento e reflexão pudesse possivelmente interferir.

Se, como mencionei, acoplamentos de segunda ordem tivessem afinidades com a consciência e sua capacidade de expandir em sua própria complexidade, poderíamos especular que (além de outros efeitos) acoplamentos de segunda ordem tendem a diminuir o nível de intensidade das funções da consciência. Essa tese, a que chegamos por dedução, sugere ainda uma afinidade entre ritmo (acoplamentos de primeira ordem) e imaginação, em contraste, mais uma vez, com a afinidade entre acoplamentos de segunda ordem e consciência. Para o linguista e filósofo dinamarquês Louis Hjelmslev, a imaginação seria a "substância do conteúdo", isto é, conteúdos da consciência humana anteriores à sua interpretação e à sua transformação em estruturas mais ou menos moldadas (ou seja, "formas de conteúdo" como oposto a "substância de conteúdo"). Substância de conteúdo, i.e. imaginação, domina em toda situação em que nossa consciência não está totalmente acordada: em nossos sonhos, por exemplo, quando escutamos música, ou em momentos de intensa emoção ou excitação. Esta associação entre ritmo e imaginação nos leva à hipótese adicional de que a imaginação tem uma proximidade específica com o corpo e seus sentidos. Em um experimento mental frutífero, George Herbert Mead[7] descreveu, certa vez, como caso de "imaginação" (poderíamos adicionar: como um caso de "substância de conteúdo") as imagens de um animal selvagem e forte ou de um animal fraco e indefeso que a percepção de determinados sons poderiam ter produzido na mente dos primeiros *Homo sapiens*. De acordo com o tamanho, a força e a ameaça estimada do "outro" animal imaginado, nosso *Homo sapiens* primitivo escaparia (a fim de salvar a sua vida) ou atacaria. Em ambos os casos, parece haver uma conexão imediata entre a imagem presente na consciência e inervação, isto é, entre ativação dos músculos (para escapar ou atacar). A

7. Mead, George Herbert. "Die Philosophie der Sozialität" in *Die Philosophie der Sozialität, Aufsätze zur Erkenntnisanthropologie*. Frankfurt/Main, 1969. p. 229-271.

afinidade específica entre imaginação e nosso corpo (com sua percepção sensual) deve ser fundada em um tipo similar de imediaticidade.

Em um *Homo sapiens* mais desenvolvido culturalmente, entretanto, tais imagens na consciência humana seriam normalmente filtradas por conceitos e padrões discursivos, estocados em nossa memória. É essa operação que transforma imaginação em formas de conteúdo, qual seja, em significado e conhecimento. Somente assim as imagens e imaginação primárias poderiam se tornar acessíveis para o pensamento e a reflexão; somente como formas de conteúdo elas permitiriam à mente se deter e, caso necessário, interromper e postergar o impulso em direção à inervação. O ponto importante a ser compreendido, no entanto, é que a linguagem prosódica e o ritmo previnem esse nível e função elevados da consciência humana de imergir (ou, visto de uma perspectiva oposta, o ritmo diminui o que Edmund Husserl chama de "tensão da consciência").

Contra o pano de fundo do discurso evolutivo, poderíamos, portanto, caracterizar o impacto da prosódia e do ritmo como "regressivos". Não apenas romperia o fluxo do tempo e conduziria a uma suspensão temporal, abrindo, assim, uma "janela" por meio da qual cenas e coisas do passado poderiam ser evocadas e tornadas presentes. O ritmo é também responsável pela ocorrência da presentificação em uma dimensão ontológica da imaginação ("substância de conteúdo"), em vez de ocorrer na dimensão do sentido ("formas de conteúdo"). A diferença entre sentido e imaginação pode bem ser a origem e a razão para a impressão geral de que poemas têm um impacto mais intenso e emocional (são mais próximos da nossa percepção e do nosso corpo) do que textos escritos e recitados em prosa.

*

Como filtro por meio do qual humanos percebem e processam o que chamamos de "o mundo", a consciência é estruturada temporalmente, tão completa e exclusivamente assim estruturada que nunca saberemos se o mundo "externo" à consciência (frequentemente chamado de "o mundo real") é também temporal em si e por si mesmo – ou se apenas aparece temporal devido à inevitável projeção da estrutura da consciência sobre ele. Se a temporalidade do mundo fosse o resultado de tais projeções, então a consciência seria não apenas "estruturada temporalmente" – mas seria a "origem do tempo". A metáfora frequentemente usada de "fluxo de consciência" realça nossa certeza introspectiva quanto à forma temporal da mente. Edmund Husserl descreveu essa forma dizendo que cada breve momento do presente na consciência é circundado por "retensão" e "pretensão", isto é, por meio de uma memória rapidamente evanescente e de uma breve antecipação prévia do momento presente seguinte.

Em se tratando de atenção como escala variável em que a consciência é aberta para o mundo e para o *self*, isso significa (como Alford pressupõe ao longo de seu trabalho) que ela sempre tem de funcionar junto a uma temporalidade linear que se configura como um ambiente que nunca é estável (da qual não tenho conhecimento de qualquer descrição precisa – e, por conseguinte, canonicamente filosófica – da relação dinâmica entre atenção e a temporalidade da consciência). Escutar um poema frequentemente desafia nossa consciência (e atenção como uma de suas funções e dimensões) em um nível excepcionalmente elevado de complexidade. Quanto à percepção externa, um poema demanda um foco de atenção específico a ser dado à prosódia, além da concentração geral no som da linguagem. Quanto à parte interna da psique humana, a atenção poética deve ser aberta para conceitos evocados por meio de palavras, assim como por meio de efeitos e produtos da imaginação, em seu entrelaçamento específico com o corpo e os sentidos – e deveria, ao fazer isso, mais enfatizar do que neutralizar a diferença entre conceitos e imaginação (a tese de doutorado de Alford oferecerá distinções entre diversas camadas conceituais, possibilitando a análise de tal complexidade). Sob o impacto da prosódia, conceitos primeiramente evocados por palavras, isto é, conceitos como formas de conteúdo, transformam-se em imaginação (substância de conteúdo). Essa relação entre prosódia e atenção não é sinônimo da suspensão transitória do tempo interno da consciência através da qual (como uma "janela") o passado pode se tornar presente. O passado que se torna presente, entretanto, em nossa mente por meio de um poema torna-se presente como imaginação (e não como significado), devido à influência da prosódia no nível de conteúdo.

A fim de produzir todo tipo de efeitos poéticos com os quais estamos familiarizados, a consciência e a atenção, enquanto em suas funções de abertura, devem performar todas essas operações não como uma sequência, mas como simultaneidade. Os momentos de suspensão da consciência, em que ela funciona como uma janela, não são um efeito que "retoma" o ritmo e a prosódia como sua "causa" antecedente. Antes, eles ocorrem sob a influência e em copresença do ritmo como seu "catalizador". Nesse ponto, começamos a compreender toda a complexidade do argumento central de Alford, isto é, que a atenção não é apenas uma entre múltiplas funções e condições que constituem a base da poesia; antes é, na verdade, aquela dimensão central da consciência humana que a poesia, devido à sua estrutura específica, é capaz de desafiar em um nível particular de complexidade e é, assim, capaz de desenvolver e expandir. Nesse sentido, poesia tanto pressupõe quanto contribui para a formação de uma capacidade de atenção mais complexa e potente, e, nesse sentido, a poesia é, de fato, uma questão (do desenvolvimento) de atenção.

*

Existe uma afinidade específica, no meu ponto de vista, entre a descrição da relação da poesia com a atenção, desenvolvida por Alford, e o motivo do "desvelamento do Ser" como "acontecimento da verdade" que Martin Heidegger desenvolveu durante os estágios tardios de seu trabalho filosófico – e é uma afinidade que poderia talvez contribuir para o desenvolvimento da compreensão da atenção poética.[8] "Ser", estou convencido, não pertence à dimensão metafísica ou de constituição de sentido para Heidegger. Antes, o conceito refere-se a coisas, a coisas individuais ("esse meu relógio específico" no lugar de "a ideia de um

8. Essa afinidade também se torna evidente numa leitura específica de Heidegger que esbocei ao longo do meu livro *Produção de presença: o que o sentido não consegue transmitir*. Stanford: Stanford University Press, 2004.

relógio"), enquanto, por sua vez, "desvelamento do Ser" refere-se a uma situação que permite que tais coisas sejam percebidas e experimentadas de uma forma absoluta, isto é, como se elas não fossem necessariamente vistas de uma perspectiva específica, mas como coisas "nelas e por elas mesmas". A diferença mais dramática entre a concepção de Heidegger e a epistemologia clássica moderna ocidental de "Sujeito" e "Objeto" reside no aspecto que podemos aludir como "iniciático". Se a filosofia tradicional da consciência implica que o Sujeito seja necessariamente e naturalmente levado a descobrir a verdade na esfera dos objetos, Heidegger colocou o *Dasein* (sua substituição menos exclusivamente espiritual do conceito de "Sujeito") em uma configuração bastante diferente. É o Ser mesmo que se desvela ou não (Ser parece tomar a "iniciativa", por assim dizer), mas tal desvelamento apenas pode acontecer na presença do *Dasein* (apesar de que o Ser desvelado não deveria ser compreendido como uma "mensagem" direcionada para o *Dasein*).

Essa observação pode nos lembrar da recepção da poesia. Aqui, também, não se depende em última instância das boas intenções dos leitores ou dos ouvintes se eles serão ou não confrontados com momentos substanciais de imaginação e momentos passados que parecem conformados. O modo como o leitor ou ouvinte pode fundamentalmente contribuir para a inspiração poética ou para o desvelamento do Ser acontecer é por meio de sua abertura atenta para o Ser e para a imaginação quando eles ainda não se mostraram (e pode ser que nunca se mostrem). Essa é uma atitude próxima – se não idêntica – ao que Alford, na parte de seu livro em que se dedica à "atenção intransitiva", define como "vigilância": "um estado de atenção em que não há um objeto de atenção, mas, antes, a prática de consciência consistente ou de estado de alerta, marcado por uma prontidão para detectar a aparência de um sinal ou de uma mudança potencial, porém imprevisível". Qualquer atitude mais "ativa" e forçosa em direção ao *Dasein*, de acordo com Heidegger, levaria o Ser de volta à soleira que ele precisa atravessar a fim de se mostrar – e pode, assim, bem impedir a imaginação de emergir.

Uma vez que o desvelamento do Ser acontece, se torna destino ("*Geschick*"), porque o Ser afeta o *Dasein* – mas não pode ser controlado por ele. A aparência do Ser pode (mas não deve) ser existencialmente – ou mesmo fisicamente – opressivo para o *Dasein* confrontado por ele, e algumas vezes a imaginação e a inspiração libertadas pela poesia possuem efeitos semelhantes tanto nos poetas quanto nos leitores. O hino de Hölderlin, "*Wie wenn am Feiertage*" ("Com em um feriado"), um dos mais importantes exemplos e pontos de referência do argumento de Alford, descreve a atmosfera após uma tempestade e remete a situação do poeta e de seus leitores à imagem de um fazendeiro que deseja ver os campos após a tempestade – em plena consciência do perigo de ser atingido por um raio. Inspiração poética como desvelamento do Ser, então, é um potencial existencialmente agressivo, ao qual expomos a nós mesmos e as nossas atenções, porque apreciamos a intensidade que pode produzir – com a atenção para o perigo, e com o entendimento de ser essa a precondição para sua intensidade.

Por fim, em notas extensivas, publicadas recentemente pela primeira vez, Heidegger jogou com a ideia de designar, sob o termo "*Stimmung*" ("humor", "atmosfera"), um *status* específico de antecipação ou (em um sentido primeiramente inventado pelo psicanalista Charcot) de "aura", que precedem momentos da verdade e do Ser desvelado.[9] Se definimos *Stimmung*, diferentemente da forma como Heidegger o faz em *Ser e Tempo*, como o leve toque de um ambiente físico sobre nosso corpo (como o clima ou como a música que alguém toca no plano de fundo), então *Stimmung* pode ser capaz de nos levar a retomar contato, de forma bem literalmente, com nosso ambiente físico, enquanto desperta, ao mesmo tempo, estados específicos individuais em nossa psique.

*

Não disponho de nenhuma evidência física nesse sentido, mas, da minha própria experiência de ensino (amplamente baseada nas reações à poesia por parte de meus alunos de graduação) e a partir de outras observações no meu ambiente intelectual (preferências nas leituras de lazer, tópicos de pesquisa escolhidos etc), há razões para acreditar que o *status* da poesia e da prosódia modificou consideravelmente em tempos recentes. Uma grande fascinação existe agora em torno do aspecto formal da poesia, mais do que, por exemplo, quando comecei a ensinar literatura em 1967; uma espécie de renascimento da recitação

9. "Stimmung und Da-sein" *in Gesamtausgabe*. Vol. 71 ["Das Ereignis" (O acontecimento apropriador)]. Frankfurt/Main, 2010. p. 217-224. Quanto à minha perspectiva sobre a *Stimmung*, ver *Stimmungen lesen. Über eine verdeckte Wirklichkeit der Literatur*. München, 2011. (Em português, Gumbrecht, Hans Ulrich. *Atmosfera, ambiência, Stimmung: sobre um potencial oculto da literatura*. Tradução Ana Isabel Soares. Rio de Janeiro: Contraponto, Ed. Puc-Rio, 2014).

como prática da leitura de poesia e como um ritual de performance tem acontecido hoje em dia; e há um amplo interesse em falar sobre (e talvez mesmo em ler) poesia muito mais intenso agora do que pude observar em qualquer outra época da minha vida. Trata-se, acredito, de um ambiente histórico-cultural que deve ter contribuído para a escolha de Alford de seu objeto de pesquisa – e deve ser também o contexto para o desenvolvimento de conclusões adjacentes em sua tese.

No centro de tais mudanças na cultura literária contemporânea, há uma nova apreciação do potencial particularmente existencial deflagrado pelos aspectos formais da poesia, e essa apreciação pode depender das reações à situação epistemológica mais recente em que nos encontramos cotidianamente. Vivemos hoje em um presente cada vez mais amplo de simultaneidades, em que todas as coisas parecem se sobrepor, em que o futuro é obstruído por ameaças que parecem vir em nossa direção, e em que sentimos que não conseguimos deixar o passado para trás.[10] Ao mesmo tempo, devido à lógica de não sermos capazes de deixar o passado para trás, a construção temporal de um presente cada vez mais alargado é nossa condição de vida, em simultaneidade com o "tempo histórico" tradicional, que, por sua vez, conta com um futuro aberto a ser modelado a partir do presente e de um passado que irreversivelmente deixamos para trás.

10. Ver meus livros *Nosso Amplo Presente: Tempo e Cultura Contemporânea*. Trad. Ana Isabel Soares. São Paulo: Ed. UNESP, 2015 [*Our broad present*. New York: Columbia University Press, 2014] e *Depois de 1945: latência como origem do presente*. Trad. Ana Isabel Soares. São Paulo: Ed. UNESP, 2014. [*After 1945: latency as origin of the present*. Stanford: Stanford University Press, 2013].

A interferência entre esses dois cronotopos (ou visões de mundo) produz uma situação existencial de nevoamento ou mesmo de ausência de contornos e orientações. Se, em primeiro lugar, a crença historicista na "necessária" sequência histórica de acontecimentos como "desenvolvimentos" deve ser progressivamente substituída, desde a metade do século XX, por uma visão de mundo como um campo de contingências – no qual, entre a margem de necessidade e a margem de impossibilidade, os fenômenos, em sua maior parte, parecem abertos a múltiplas interpretações e funções (estes eram subordinados àqueles) –, a contingência parece ter se transformado em uma condição universal. Tudo deixa de ser "necessário" (nenhuma suposição ou certeza pode deixar de ser desafiada); no entanto, nada é tampouco impossível (mesmo o projeto de eliminação da morte como condição humana tornou-se um projeto que pode ser discutido seriamente). Estamos rodeados por absoluta contingência; contingência é o nosso universo existencial.

Quanto à temporalidade dos dias de hoje, o presente amplo parece ter rompido com a dinâmica linear de "desenvolvimento" e de "progresso". Até mesmo para os jovens, parece bastante difícil estruturar e formatar o tempo, como segmentos subsequentes de uma narrativa histórica, desde a implosão do Socialismo como governo, em 1989 e, mais ainda, desde o – literalmente: irreversível – questionamento dos Estados Unidos como poder mundial hegemônico, em 11 de setembro de 2001. O tempo não parece mais se "mover" em nenhuma direção – mas é bastante agitado: cada momento contém energias centrífugas, e, sob essas condições, "poupar tempo" se transformou em negócio e obrigação que consome muito tempo. Enquanto parece não ter restado percepção nem padrão de uma ordem coerente no mundo em um universo de contingência, tampouco uma temporalidade bem-delimitada, o espaço como dimensão existencial se transformou profundamente e, de fato, se tornou turvo, indistinto em face da forma mais comum de vida hoje, que é a vida de sentar-se em frente à tela do computador. Enquanto "navegamos pela web", constantemente produzimos múltiplas – e absurdas – sequências de "espaços" indeterminados através dos quais estamos "indo", sem, contudo, termos a possibilidade de levarmos nossos corpos conosco. Assim, estamos produzindo e constantemente desenvolvendo uma nova "espacialidade" que não é mais constituída em torno de nossos corpos, mas provavelmente emerge por meio da interferência entre diferentes websites visitados.

Tal ambiente existencial produz agilidade mental, flexibilidade e, talvez, mesmo uma camada em nossas vidas cotidianas que merece ser associada com conceitos como "liberdade" e "independência". Ao mesmo tempo e, acima de tudo, acredito, tal ambiente produz um desejo por formas às quais possamos nos agarrar, existencial e fisicamente, assim como um desejo de recuperar espaço ao nos tornarmos parte de "corpos míticos" ou de "corpos coletivos": em um estádio, por exemplo, em um show de música ao ar livre, em eventos religiosos de larga escala, ou em movimentos de protestos "políticos" que não são frequentemente tão certos de sua agenda política, porque o que de fato os motiva é o desejo elementar de estarem juntos.

Para tal ambiente, mesmo a promessa mais elementar inerente à poesia – isto é, a promessa de ser conectado e unido a outras pessoas por meio do ritmo – possui um valor e um apelo especificamente recente e contemporâneo. Em um nível mais complexo, a poesia pode oferecer aos seus leitores, hoje em dia, aquilo de que, de forma silenciosa, sempre tratou, isto é, a configuração de diferentes exercícios e modos de atenção por meio dos quais podemos nos deter; por meio dos quais nos tornamos abertos para a substância corpórea da imaginação; e graças aos quais nos concentramos sobre o pouco em que podemos ainda nos agarrar, em um mundo de contingência universal, mobilização temporal e indeterminação espacial. Esse é o motivo pelo qual a atenção poética – e a tese de Lucy Alford sobre o assunto – importam tanto.

PRESENÇA E PLENITUDE:

sobre um traço filosófico na obra de Paul Zumthor

A reflexão que proponho seria inimaginável durante a vida de Paul Zumthor. Ele era tão presente, com sua voz e seu pensamento sempre em fluxo, ele era tão presente que não havia espaço para perguntar se ele tinha uma filosofia – visto que tudo o que tinha para oferecer estava sempre lá (e era sempre demais para o tempo que tínhamos). A morte de Paul Zumthor confirmou que ele era ainda mais insubstituível que muitos outros grandes cientistas e grandes escritores. Percebemos que a leitura de sua obra e de sua prática do pensamento não consegue preencher o vazio que sua morte deixou. Às vezes, porém, relendo sua obra, é como se a voz e o corpo de Paul Zumthor estivessem lá – com todo o seu charme e também toda sua fragilidade (fragilidade que ele nunca admitiu). Foi por causa de uma mudança metonímica que esse efeito da presença na leitura de seus textos começou a direcionar minha atenção para um nível de reflexão que proponho chamar de "a filosofia de Paul Zumthor" e que é mais bem caracterizada, acredito, se a definimos como uma filosofia da presença e da plenitude.

Digo "filosofia" – e não "teoria" –, embora não queira sugerir que Zumthor tivesse a ambição de ser filósofo. Categorizações desse tipo tocam-no de muito longe (exceto, talvez, para a de "medievalista", a qual se fazia importante para a percepção pública de sua obra). Em vez disso, ao falar em "filosofia" de Paul Zumthor, tento dissociar seu pensamento de certa conotação que o termo "teoria" adquiriu recentemente na crítica literária. Com a palavra "teoria", temo, se faz alusão a conjuntos de ideias fragmentárias que são institucionalizadas como jargões disciplinares (de "Bloom", de "Derrida", de "Foucault"...), e que são, também, resultados de uma operação de abstração aplicada a uma multiplicidade de diferentes fatos históricos ("Teoria da vanguarda", "teoria do romance latino-americano"...). A filosofia de Paul Zumthor, por contraste, não depende de um campo particular de referências nem de uma tradição particular de mestres pensadores. Ele foi o último a negar todos os tipos de influências e dependências intelectuais, uma vez que a ideia romântica de "originalidade" (tanto quanto sei) não tinha qualquer significado para ele. Pode ser, porém – paradoxalmente –, devido à falta de ambição em ser original que sua "filosofia" tem alcançado notável originalidade.

Em segundo lugar, se Zumthor não tinha ambição de ser filósofo e se não atribuímos um *status* naturalmente superior ao discurso filosófico, por que não deixar essa filosofia na imanência da obra zumthoriana? Por que fazer o esforço – e a inevitável violência intelectual – de extrair essa filosofia dos escritos de Zumthor? Essa tarefa me interessa, pois acredito que sua filosofia possui um considerável valor sintomático. Vejo nele o sintoma de uma transição que se realiza hoje no pensamento ocidental: a transição entre um momento construtivista, que ele deixa para trás, e um momento, ou melhor, um desejo, ontológico. Se falo de "construtivismo", tento destacar um ponto de convergência para certo tipo de reações a um grande trauma epistemológico do século XIX, quer dizer, o trauma de ter perdido a segurança referencial.[1] Chamo de "construtivismo" toda reação a essa experiência que, no lugar de querer estabelecer uma conexão imediata com a realidade, começa a olhar para as operações da consciência humana que "constroem" o que acreditamos ser a "realidade". Esse conjunto de posições filosóficas inclui todas as variantes da fenomenologia, assim como o interesse de Nelson Goodman em torno dos *ways of world-making* e aqueles entre os intérpretes da obra de Michel Foucault que veem a discursividade como último horizonte epistemológico.

A fascinação construtivista, contudo, jamais extinguiu o desejo filosófico contrário, isto é, o desejo de encontrar uma conexão de imediaticidade com a "realidade", o desejo de sentir a "resistência" da realidade – que é sempre o desejo de uma presença,[2] de uma plenitude (e, se necessário, de um vácuo) absoluto. Um dos grandes méritos de Martin Heidegger é ter dado legitimidade filosófica a esse desejo – enquanto o descrevia

1. Para esclarecer meu ponto de vista, enfatizo que este é o mesmo momento epistemológico descrito por Michel Foucault em *As palavras e as coisas*.
2. Essa é uma "presença" diferente daquela que Jacques Derrida denunciou sua impossibilidade; Derrida ataca uma presença autorreflexiva. Ver Jean-Luc Nancy, *The Birth to Presence*, Stanford, 1993, e meu artigo "Form without matter vs. Form as Event", *Modern Language Notes*, 111, p. 578-592, 1996 (tradução alemã em Berg, Henk de; Grangel, Matthias (ed.). *Systemtheorie und Hermeneutik*, Berna, 1997, p. 31-46).

como um desejo plenamente consciente da sua impossibilidade. Nesse sentido específico, falo de um retorno à ontologia – a grande questão filosófica do Ser e Não Ser (em vez do "Nada") –, e é nessa perspectiva que vejo o trabalho de Zumthor como um sintoma epistemológico. É possível que o próprio Paul Zumthor ficasse surpreso com essa interpretação, mas eu não acredito que ele a teria rejeitado. Além disso, é essa ausência de um projeto explicitamente filosófico em seus escritos que justifica nosso esforço.

É por isso que proponho traçar sua ontologia por indução e por colagem. Meu ponto de partida é um conjunto de observações feitas nos livros e entrevistas de Zumthor, um *corpus* cuja maior parte consiste de intuições pouco desenvolvidas, até, tenho a impressão, de observações que ele tentou eliminar de seus textos mais programáticos. A perspectiva "indutiva", que é a minha aqui, consiste em identificar em seus textos uma rede de pensamentos que não trazem suas ideias à superfície. No entanto, tentarei organizar esse *loci* recorrente da reflexão zumthoriana de uma forma (por "colagem") que nos permitirá vislumbrar uma sistematicidade potencial. Embora Zumthor tenha retomado esses padrões recorrentes em contextos muito diferentes de trabalho, uma vez justapostos, eles mostram considerável complementaridade e coerência.

ONTOLOGIA

Na tradição que Heidegger tenta retomar e que remonta ao século XVII, a ontologia levanta a questão do Ser e do Não Ser menos em função de certos problemas existenciais – como o cuidado ("*Sorge*"), a autenticidade ("*Eigentlichkeit*") ou a morte em *Ser e Tempo* – do que para pensar as modalidades do nosso acesso ao mundo e da relação entre a realidade e nosso saber. É essa perspectiva de uma práxis epistemológica que parece animar a filosofia de Zumthor. Com efeito, o parágrafo que me sugeriu a ideia de uma fascinação ontológica em Zumthor concentra-se na recusa em aceitar uma definição "construtivista" do conceito de "facticidade":

> Desta perspectiva, o que é um "fato"? [...] É possível nos perguntarmos se essa noção, da qual se apropriaram nossos positivistas, não provém da degradação progressiva de uma grande ideia medieval, que se vê formar-se desde a época carolíngia, com Scoto Erígeno: a história é um ser, este ser possui uma forma e esta forma é figurável. [...] O que permanece da densidade ontológica dessas formas em nosso "fato histórico", conceito tão frágil que leva por água abaixo o de causa?[3]

Precisamos enfatizar a excentricidade da sua proposta em um texto publicado em 1980? No lugar de repetir o gesto, bastante padrão na área de humanas ao longo dos últimos trinta anos, qual seja, o de salientar o caráter epistemologicamente ingênuo do conceito empírico de facticidade, Zumthor, na verdade, postula uma noção mais forte. O que parece estar implícito – e Zumthor parece se opor a uma facticidade baseada em métodos como estatísticas ou crítica filológica – é a distinção aristotélica entre substância e forma. A substância é o que torna tangível a presença do mundo e de seus objetos; mas a substância, a todo

3. Zumthor, P. *Falando de Idade Média*. Tradução Jerusa Pires Ferreira. São Paulo: Perspectiva, 2009. p. 45-46 (tradução levemente alterada).

o momento, precisa de uma forma para ser vista. A forma não existe sem a substância em que está inscrita e que a comporta; contudo, a substância, por sua vez, não necessita da forma. Como já mencionei, em vez de prover uma interpretação existencialista a essa distinção (historicamente) pré-ontológica e (sistematicamente) ontológica, Paul Zumthor a aplica ao cotidiano do trabalho acadêmico. Dessa forma, ele dá a esse motivo o *status* de uma crítica geral de qualquer trabalho nas ciências humanas que não esteja saturado de informações e fatos.

> Todo esforço de generalização ou explicação, toda pesquisa causal, [...] só tomam sentido no e pelo trabalho de informação que as acompanha, nutre e, por sua vez, fecundam. Muitos homens da minha geração ou da seguinte esqueceram às vezes desta banal evidência, em proveito de uma metafísica que fazia calar seu nome.[4]

Se estamos de acordo com Zumthor sobre essa reabilitação ilimitada da facticidade (ilimitada no sentido de *ent-grenzt*, "*sans limite*", mas não no sentido "metafísico"), estamos em um espaço epistemológico no qual os fenômenos "emanam", se "apresentam" e "são", antes de "expressarem" qualquer coisa ou estarem sujeitos a interpretações. Em outras palavras: se o espaço ontológico não exclui a prática hermenêutica, a interpretação não detém um *status* de obrigação universal, pois o mundo não é projetado como uma "construção" por meio da qual um sujeito criativo (indivíduo ou coletivo) se expressa. Zumthor se situa cada vez mais próximo de Heidegger, ao enfatizar sua distância em relação à hermenêutica que tinha feito da interpretação uma

4. *Ibid.*, p. 104.

obrigação universal: "A obra de arte é tautológica no sentido em que ela não 'exprime': ela é."[5]

Contudo, o que está animando esse desejo de realidade em Zumthor? Para que acumular informações e fatos, se não os transformamos, pelo ato de interpretação – ao menos, não necessariamente –, em diretrizes para a vida coletiva e individual? A resposta que Zumthor dá a essa questão é surpreendente. É o nosso saber do mundo – e, suponho, o contato implicitamente prometido com a realidade ôntica do mundo – que determina nossa perspectiva sobre o mundo. Em vez de conceder ao sujeito-observador a liberdade de escolher suas perspectivas, Zumthor desenvolve uma dependência para nosso olhar – e, provavelmente, uma dependência mesma em relação ao nosso corpo – na relação com as formas e as substâncias dos fenômenos que constituem o mundo: "é a consciência que precisamos tomar de que a informação factual preenche uma condição necessária a toda leitura crítica: o situar no lugar respectivo do objeto e de seu observador."[6]

A grande questão, contudo, a questão tão ingênua quanto filosoficamente sublime, permanece em suspenso. É verdade (ao menos é verdade para Zumthor) que estamos em contato com a realidade ôntica do mundo, suficientemente, de fato, para que o mundo possa nos impor as perspectivas de sua percepção. Entretanto, podemos conhecer o mundo, podemos adquirir um saber "adequado"? Podemos saber, ao menos, se conhecemos o mundo? Zumthor deixa em suspenso essa questão. Em primeiro lugar, ele chegou a negar que nunca podemos "possuir" algo

5. *Ibid.*, p. 83.
6. *Ibid.*, p. 105-6.

deste mundo. Se, em segundo lugar, ele deixa em aberto a possibilidade de "capturar o mundo", considero interessante que ele concede essa possibilidade a uma planta mais do que ao espírito humano:

> O que quer que façamos, não possuiremos nada, jamais. Disto o sabemos. Resta-nos a liberdade derrisória de traçar signos sobre o papel, tão pouca coisa, o desenho dos raminhos nus no galho do plátano sob a minha janela, e que fingem ter capturado, em sua malha, o céu inteiro do inverno – e quem sabe talvez eles o tenham feito, de verdade.[7]

AS DIMENSÕES DO REAL

Descrever um pensamento como "ontológico" é fazer referência a um tipo de relação que esse pensamento pressupõe entre ele e um "mundo real" pressuposto como existente fora dele. Isso não determina, contudo, uma maneira específica de se imaginar – ou, deveríamos dizer, "arrecadar"? – o mundo real. Comecei a pensar que a grande e complexa metonímia para tudo que Zumthor imaginou e percebeu como mundo real era o canto. Tentando identificar algumas das dimensões através das quais ele via o mundo, é natural que ele comece com esta longa descrição do canto:

> Se escuto cantar durante três minutos, esses três minutos são vividos por mim numa intensidade que emana da presença do cantor, da materialidade de sua voz atingindo meus sentidos de tal

7. *Ibid.*, p. 120-1.

maneira que o efeito temporal se torna mais ou menos atenuado. Eu seria levado a dizer que o que é transmitido pela voz existe de forma espacial muito mais que temporal. O efeito vocal dá uma impressão de presença que se impõe, preenchendo um espaço tão material quanto semântico, em detrimento de impressões de fugacidade de renovação, de duração, que demarcam nossa percepção do tempo.[8]

Gostaria de destacar três aspectos no repertório de noções descritivas que Zumthor apresenta nessa passagem. Primeiro, vemos como o espaço está dentro do campo filosófico. Heidegger mencionou bem a respeito da quase incompatibilidade entre o espaço e o paradigma cartesiano.[9] Uma filosofia que dá prioridade à *res cogitans* em detrimento de todo objeto tangível (*res extensa*) deixa de se interessar pelo espaço. Tudo o que é importante é a temporalidade na qual o pensamento se realiza. Uma vez, no entanto, que se se concentra nos objetos e nos corpos, surge a necessidade do espaço como dimensão na qual as relações entre as coisas e os corpos possam ser negociados e articulados. Em segundo lugar, em vez de ser uma noção temporal, a presença, para Zumthor, pertence ao registro epistemológico do espaço. Aquilo que está presente – diante de mim – é tangível. Sob certo ângulo, a presença é a dialética entre o espaço e os corpos: o espaço se constitui em torno de um corpo e os corpos precisam do espaço para serem tangíveis. Em terceiro lugar, os efeitos de diferentes vozes sobre meu corpo no espaço se distinguem por

8. Zumthor, P. *Escritura e nomadismo: entrevistas e ensaios*. Tradução Jerusa Pires Fereira, Sônia Queiroz. Cotia, SP: Ateliê Editorial, 2005. p. 82.
9. Cf. M. Heidegger. *Sein und Zeit*, §§ 19-24. Tübingen: Niemeyer, 1984. p. 89-113.

um critério quantitativo, isto é, por sua intensidade. Espaço (e não mais tempo), corpos (e não mais espírito), quantidade (e não mais qualidade), estes são os três eixos sobre os quais a antropologia de Zumthor está fundada.

Porém, se filosofia pode ser chamada de antropologia, ela não é, contudo, antropocêntrica, pois que ela jamais privilegia a *res cogitans*, a qual – em outra tradição – é considerada como um fenômeno exclusivamente humano. Ao mesmo tempo que se concentra sobre o aspecto espacial, há um aspecto temporal – provavelmente subordinado – que volta de uma maneira quase obsessiva na obra de Zumthor. Esse aspecto temporal é uma passagem do pensamento puro à dimensão real e é, também, a passagem da desaparição de objetos e corpos. As coisas e os corpos são sempre uma emanação ou uma desaparição em Zumthor. "A performance é a materialização (a 'concretização', dizem os alemães) de uma mensagem poética por meio da voz humana e daquilo que a acompanha, o gesto, ou mesmo a totalidade dos movimentos corporais."[10] As formas que vemos (e que frequentemente admiramos) não existem sem pressupor essa transição à concretização. Consequentemente, elas são as formas encarnadas para Paul Zumthor: "E dou à palavra 'forma' o sentido mais vivo, o mais fulgurante, o mais concreto, como quando se diz de uma mulher que ela tem formas."[11] Para uma canção, por exemplo, em seu tomar forma (*mise-en-forme*) da voz, a materialidade é mais importante que o conteúdo, o qual, por sua vez, de um certo ponto de vista linguístico, será apenas o efeito do tomar forma (*mise-en-forme*) vocal. A forma da voz,

10. *Escritura e Nomadismo*, *op. cit.* p. 56.
11. *Ibid.*, p. 52.

a forma à qual a voz dá substância, toca os corpos daqueles que escutam. A voz inicia uma relação erótica, i.e., uma relação que é apreciada especialmente por causa de sua energia e intensidade.

> Talvez na canção de amor o importante seja a voz que canta mais que a própria língua que só faz manifestar esta voz. A energia desta voz emana do corpo, emanação profunda, intensa, transbordante, carregada de valores inconscientes que fazem com que ela seja um meio de transmissão, da mensagem erótica, muito mais direto, mais agressivo, mais aliviador do que poderia ser a escrita, tão mais intensa também, sem dúvida, mais diretamente 'chocante' do que poderia ser a escritura.[12]

Parece que Zumthor quer postular aqui uma incompatibilidade entre a dimensão semântica (que ele chama simplesmente "a língua") e a força da presença no espaço. A intensidade e o toque erótico de uma voz que toma uma forma serão sempre em detrimento das palavras que se pronuncia e do conteúdo que as palavras articulam: "a voz, em certos casos, se impõe de tal forma que tende a dissolver a língua, de tão intensa é a sua presença, enquanto que a linguagem, como dizem alguns filósofos alemães, é pura negatividade."[13]

Em uma tipologia filosófica, o que Zumthor entende e descreve como realidade é uma dimensão eminentemente aristotélica. Esta se baseia na distinção – mais aristotélica do que de qualquer outro autor – entre substância e forma. Ela é ocupada pelos corpos e pelas coisas que estão em um movimento constante de aparição e desaparição. Aquilo que sustenta o espaço de

12. *Ibid.*, p. 67.
13. *Ibid.*, p. 57.

evanescimento é o toque. Nesse sentido, a realidade de Zumthor é também uma esfera erótica e erotizante, uma esfera na qual a energia é sempre dirigida (e pode mesmo ser abordada) por meio de outro objeto ou outro corpo: "Desejo no fundo indizível, mas que sem cessar volta a se inclinar em direção a este ouvinte virtual, tirado do nada pelo cantor, seu Outro."[14]

PLENITUDE

O ouvinte tem sempre um lugar na obra de Zumthor, assim como a voz encontra uma forma e o corpo se situa no espaço. A realidade de Zumthor é uma enorme máquina – ou pode ser um teatro de dimensões calderonianas –, em que os movimentos se realizam com justeza, com plena intensidade e harmonia. Como já tive ocasião de destacar, tal plenitude não necessita da tonalidade de uma ontologia. Se a ontologia, em geral, está interessada mais na ausência que na presença, e se a presença corre o risco de ser uma presença precária, deve-se concluir que essa alegria da plenitude é uma tonalidade particularmente zumthoriana. Refiro-me à "alegria da plenitude", porque preencher seu espaço não é uma tomada de pose (*prise de possession*). A plenitude é dar ao espaço a substância de que necessita, é perceber o potencial do espaço: "O canto visa a encher todo o espaço acústico da voz. (...) Se eu canto, eu me afirmo, reivindico a totalidade do meu lugar, do meu estar no mundo. É a razão pela qual, creio eu, a maioria das performances poéticas são mais cantadas do que ditas". Portanto, "A performance é uma realização poética

14. *Ibid.*, p. 67-68.

plena."[15] Às vezes, lendo Paul Zumthor – o aristotélico, mesmo quando parece se incluir sob um discurso platônico –, qualquer fenômeno é apresentado em termos de sua plena realização. Entretanto, na realidade que ele imagina, essas realizações plenas não buscam amparo ou correspondência nas ideias. Ao contrário, como é um mundo que só existe no concreto e sob a condição de um espaço sempre finito, encontramo-nos, por vezes, sob uma ameaça de violência, a ameaça de ocupação do espaço ou do bloqueio do espaço mediante a imposição de força física. Essas ameaças, contudo, não se transformam jamais em atos agressivos, porque o mundo de Paul Zumthor parece excluir tais transgressões. Tudo permanece em harmonia, mas dentro de uma harmonia que não esconde a possibilidade de sua própria ausência – e essa implicação de uma violência potencial parece contribuir bem para uma experiência de intensidade para o leitor de Zumthor.

Outra consequência da feição "platônica" em Zumthor é a alegria que ele traz consigo sempre que coloca em jogo todas as partes componentes de cada fenômeno de que fala. As obras se parecem como orquestras que desconhecem o momento *piano*: "a obra, (...) o termo abarca a totalidade dos fatores da performance, fatores que produzem juntos um sentido global, que também não é redutível à adição de sentidos particulares."[16] Se há um sentido nos objetos culturais em Zumthor, deve haver um sentido global, absoluto e talvez até sublime, um sentido tão forte que acaba por se impor – em vez de ser acessível por meio de um movimento indutivo de interpretação. O "sentido

15. *Ibid.*, p. 71 e 87.
16. *Ibid.*, p. 142.

global" é mais poderoso do que o conjunto de suas partes. Esse princípio surge quando ele descreve sua fome quase física por conhecimento. Inevitavelmente, o saber que alguém possui é resultado de uma acumulação. Contudo, os fatos acumulados sempre acabam por constituir um "Saber" (com S maiúsculo) de uma dignidade superior: "Gosto do Saber. Gosto de saber. Acumular informações me dá um prazer intenso: lanço-me sobre elas com gulodice (é por isso certamente que me sinto pouco apto para o 'ensaio', como o compreende a tradição anglo-saxônica [...]) Mas esse saber estocado, é preciso deixá-lo explodir, fluir em discurso."[17]

AS DIMENSÕES DAS CIÊNCIAS HUMANAS

Enquanto converge com os fenômenos do real que se inscrevem em uma dinâmica permanente e que não cessam de emergir, emanar e se apresentar, vemos que o Saber, ele mesmo, não pode permanecer tranquilo. Paul Zumthor inclusive insiste que "é necessário" que o saber "exploda". Como essa lei geral se realiza? A explicação oferecida falha em esclarecer seu pensamento: "A passagem da documentação à interpretação, da escrita documental à leitura que, graças a ela, será feita da 'história', leva assim de um termo *realmente* fragmentário a um fim *virtualmente* totalizante."[18] Essa reflexão sugere um paralelo entre as passagens da documentação à interpretação, de um lado e, de outro, a

17. *Ibid.*, p. 43-44.
18. *Falando de Idade Média*, *op. cit.* p. 108.

escrita documental à leitura. Nesse contexto, a interpretação aparece mais como uma performance do que com um resultado: a interpretação musical. Ler e interpretar, para Paul Zumthor, são análogos à interpretação de uma peça musical: seus atos dão uma realidade incorporada a qualquer coisa que, antes, somente existia virtualmente. Uma vez traduzido em forma incorporada, o Saber não aparecerá mais como fragmentário, pois, para os corpos que se dispõem à "interpretação" do Saber, sua nova realidade torna-se "totalizante" – contudo, ela é apenas "virtualmente totalizante", já que a passagem da fragmentação do Saber à totalização-por-encarnação é, poderíamos dizer, um "efeito secundário" diante do qual o intérprete pode tomar uma distância. Pode ser em referência a esse efeito inevitável (mas um pouco problemático) de totalização-por-encarnação que Zumthor disse que o Saber *deve* explodir (em vez de pressupor essa "explosão" como garantia).

Por isso, não parece ser uma simplificação dizer que a leitura e a interpretação, para Zumthor, são atos de evocação do passado. O passado retorna nesse ato mágico, exige espaço e, acima de tudo, nunca recusa a fazer a passagem para o presente. No entanto, uma vez que o Saber do passado ou o texto antigo são incorporados no nosso presente, sua presença se torna tão forte (como a de Paul Zumthor) que a historicidade primária dos referentes, do Saber e dos textos em questão, é apagada:

> O fim último que visamos é atualizar o texto antigo, ou seja, é integrá-lo a esta historicidade que é a nossa. A armadilha é, ao fazê-lo, negar ou apagar a sua própria: esmagar a história

e, dando face acrônica ao passado, obscurecer as características específicas do presente.[19]

Ao buscar e provocar essa passagem-por-conjuração, sabemos muito bem que a realidade (re)encarnada do passado que se evoca não é o "real" e a "autêntica realidade do passado" (ao menos, é isto que acreditamos saber com nossa racionalidade moderna): "Mas jamais nos achamos em condição de uma performance propriamente dita, de uma performance do modo como era vivida, da maneira que a voz, esta voz que agora ouvimos pudesse ali ressoar."[20] Nas ciências humanas, de acordo com Paul Zumthor, o saber acumulado do passado passa por um dinamismo que o empurra à encarnação, a qual, como presença no espaço de um novo presente, nega a historicidade de que está incorporada. Insistir, no entanto, sobre a historicidade própria de que está incorporada dá início a um movimento muito diferente que nos leva para fora da área das ciências humanas e em direção à psicanálise: "Entretanto, o que é certo é que, se fazemos uma arqueologia da voz, nos confrontamos, inevitavelmente, com a voz do pai. Todavia, ouvimos também a da mãe."[21]

PRESENÇA / AUSÊNCIA

Se a plenitude é a modalidade por meio da qual o saber sobre o passado se re-presenta (*re-présenté*) (quer dizer, a modalidade

19. *Ibid.*, p. 40.
20. *Escritura e nomadismo, op. cit.* p. 84.
21. *Ibid.*, p. 92.

por meio da qual o saber sobre o passado entra no nosso espaço), as memórias de Paul Zumthor sobre seu próprio passado, especialmente as de sua infância, foram dominadas pelo tema de uma presença penetrada pela ausência. Assim, poderíamos dizer que, durante sua infância e adolescência – como, aliás, ao longo de sua carreira acadêmica –, Zumthor nunca ocupou espaços que lhe "correspondiam" intelectualmente: "gradualmente se enraizou na minha psique de criança, de adolescente e, em seguida, depois de jovem, o sentimento de que o lugar onde estou é sempre outra parte."[22] Nesse contexto, é difícil resistir à tentação de associar o tema de uma presença "perfurada" ao trauma da morte prematura do pai, trauma que Paul Zumthor havia tentado transformar em uma presença permanente da morte em sua vida – da morte que é a origem existencialista primária de toda ausência:

> A morte sempre foi para mim, desde então, um pensamento por certo longínquo, mas não estranho; uma espécie de perspectiva do futuro; ela não tinha nada mítico, pois tinha havido a morte de meu pai. Quando cheguei aos quarenta, esse pensamento se tornou muito próximo e eu o alimento de maneira afetuosa. A morte é uma amiga que virá.[23]

Talvez seja devido a essa presença estranhamente bem-vinda da morte, devido a essa presença em sua vida da morte como ausência, que a escrita – e a personalidade – de Paul Zumthor foram tão fortemente influenciadas pelo desejo de plenitude – mas de uma plenitude que nunca foi saturada. Do ponto de

22. *Ibid.*, p. 14.
23. *Ibid.*, p. 30.

vista existencial, a falta de saturação se articula como a falta de felicidade – uma falta sobre a qual Zumthor fala em outro lugar sem dramatização:

> Posso então dizer que fui, e ainda sou, um homem feliz. Entretanto, se nos mostramos exigentes para com as palavras, talvez eu deva dizer que sempre me faltou alguma coisinha para possuir a felicidade. Mas o que é a felicidade? Um desabrochar, uma espécie de equilíbrio perfeito? Eu não sei.[24]

É a morte, como possibilidade de não mais ser, que está sempre presente na vida de Paul Zumthor e que estabelece um espaço transcendental sem religião e sem deus. Aquele que, em cada momento, viver em plena consciência da possibilidade de não viver está inclinado a sentir gratidão e bondade com a vida. Deve ser por causa dessa alternativa, por causa da presença na sua vida da possibilidade de não mais viver, que Zumthor viu sua vida e obra como oferenda exigida pela Vida – Vida que acaba por produzir um efeito de imanência/transcendência em sua filosofia: "Minha responsabilidade (...) é fazer projetos para, através deles, me manter em vida; e, se possível, realizá-los até o fim, para provar à vida que eu a amo."[25] Tendo em vista que é importante que as oferendas tenham substância e que sejam visíveis, Paul Zumthor não era um daqueles estudiosos que se contentava com a pura potencialidade das suas ideais e do seu pensamento.

Concluir seus livros e vê-los em estado de realização material não era algo secundário para ele. Entre os gêneros acadêmicos

24. *Ibid.*, p. 59.
25. *Ibid.*, p. 28-9.

e literários que cultivava, o que mais estreitamente se relacionava com essa inquietação era a poesia. Isso porque, na poesia, a forma e a substância gramaticais e sonoras são inseparáveis do conteúdo: se é possível imaginar um ensaio ou um livro acadêmicos "em estado de potencialidade", um poema sem forma e substância é uma ideia absurda. Cada um dos setenta poemas que compõem a coleção *Midi le juste*, por exemplo, delineia uma forma bem marcada de letras e de linhas sobre a página branca, e é devido a esse aspecto que Paul Zumthor associa sua própria poesia à tradição chinesa. Cada um dos seus textos, porém, é também um edifício substancial e complexo de denominações que ele invoca. "Invocação" é, com efeito, uma palavra justa, pois Zumthor parece dar uma presença real aos objetos de referência e às noções que ele evoca.

Máscara
com os olhos vazios
ruída de sinais ausentes
inscritos em que carnes
obscuras
pesadas vésperas
resíduos de cruel lua

Masque
aux yeux vides
rongé de signes absents
inscrits dans quelles chairs
obscures

lourdes de veilles
usées de lune cruelle[26]

A máscara que o poema torna presente não exprime absolutamente nada e, por consequência, não poderia jamais ser interpretada. A máscara é ali, no poema, como uma superfície apresentada para o jogo entre a invocação do texto e a imaginação do leitor. Não é por meio dos sinais que o texto comunica. Com efeito, a máscara é "ruída" por sinais, mas os sinais são "ausentes" e (ou deve-se dizer: "por isso"?) são "inscritos em que carnes/ obscuras/ pesadas vésperas".

O tema dos sinais/signos ausentes retorna em permutações quase infinitas. Percebemos uma decisão por conjurar os referentes e conceitos até o ponto em que já não precisam ser representado por sinais/signos:

Parede sem sombras
lábios de sangue sorriem e além
onde chamas renascem
Fênix inscrita em pedra
vermelha
porém constrangidos de nossos corpos
em meio ao espaço vazio
em vão agarramos a traço apagado
qual cinzel na placa de poeira
a quadratura perfeita do céu

Mur sans ombres
lèvres de sang sourire et par delà

26. *Midi le juste*, Gourdon: Dominique Bedou Editeur, 1986, p. 7.

les flammes celées où renaître
phénix inscrit sur la pierre
rouge
mais nous entravés de nos corps
au milieu de l'espace creux
en vain quêtons la trace effacée
de qui burin a dans la planche de poussière
la parfaite quadrature du ciel[27]

No entanto, deve-se enfatizar que, se na poesia de Paul Zumthor esse padrão de sinais que não significam – ao menos, que não significam sem problemas – possui uma determinada importância, isso é menos dominante em seu trabalho do que entre muitos de seus poetas e filósofos antecessores do século XX. Para Zumthor, esses "espaços vazios" não são somente espaços não ocupados por corpos e coisas; eles parecem atrair os corpos e as coisas; eles iniciam o movimento dos corpos e das coisas em direção à sua articulação e afirmação no espaço. Poder-se-ia mesmo dizer que esse movimento em direção à articulação é o grande assunto (*sujet*) – não em um sentido de tema, mas, antes, no de sujeito-agente (*sujet-agent*): os poemas de Paul Zumthor.

Esse assunto compreende a emergência de cada poema individual na escrita e na leitura. É por isso que não consigo ler um poema que Paul Zumthor escreveu em Dubrovnik, onde, durante os anos oitenta, participamos juntos em três simpósios acadêmicos, pois não consigo ler esse poema sem que a bela voz Paul Zumthor comece a se articular em minha memória:

27. *Ibid.*, p. 33.

Pedra vertical altiva se estende
Um passo de parede à parede soa meio-dia
zangão do dia luz sob o mar marmorizado de espuma
rocha-ruída plana sob o olhar absoluta a torre
séculos esquecimento da memória
vão sob a colina
nuvens sob a asa da águia
invisível
arrebentam o véu do céu

Dressée hautaine pierre si tendre
Un pas de mur à mur sonne midi
bourdon du jour lumière sur mer marbrée d'écume
ronge-rocaille à plat sous l'oeil aplomb la tour
oubli des siècles mémoire
vaine sous les collines
nues sous l'aile d'aigle
invisible
crevant le voile du ciel [28]

28. *Ibid.*, p. 46.

DA HERMENÊUTICA EDIPIANA À FILOSOFIA DA PRESENÇA

[uma fantasia autobiográfica][1]

Como aconteceu anteriormente em um colóquio, em Moscou de 2004, quando meu tópico era literatura na República Federativa da Alemanha durante as décadas do pós-Segunda Guerra, gostaria de falar aqui sobre tensões entre as gerações que viveram a guerra e o pós-guerra na Rússia e na Alemanha, e minha perspectiva será mais uma vez amplamente autobiográfica. Essa convergência (tangenciando a repetição) não é, obviamente, aleatória, pois acredito que existem afinidades marcadamente complexas entre a Alemanha que sobreviveu aos dozes anos de pesadelo com o Nacional Socialismo e a Rússia que surgiu após uma longa estagnação da União Soviética. Em ambos os casos, um colapso

1. Dedicado àqueles alunos e colegas que foram gentis o bastante em assistirem ao meu seminário "A Escola da Teoria Crítica", na Cornell University, entre junho e julho de 2005, ofereço esse artigo como uma resposta a suas insistentes e consistentes questões silenciosas.

nacional fez com que círculos culturais e governos recém-eleitos dessem voz às suas preferências pela descontinuidade definitiva e incondicional; em ambos os casos, tais reivindicações por mudanças irreversíveis produziram a suspeita ubíqua de bolsões escondidos ou, ao menos, não reconhecidos de continuidade problemática; em ambos os casos, portanto, as novas gerações, cujas vidas intelectualmente independentes só começaram após o colapso dos antigos regimes, tornaram-se obsessivas com o medo de repetição (e, em poucos casos excepcionais, inspirados por uma esperança de repetição).

Não tentarei provar e tampouco irei começar a argumentar que tais afinidades entre a Rússia pós-Soviética e a Alemanha pós-Guerra (e as apreensões que vieram delas) sejam "reais", "adequadamente percebidas" e "justificadas" – ou o oposto. Tudo o que defendo é que tais apreensões, justificadas ou não, irão desencadear visões de mundo e, por vezes, problemas tão similares que justificariam a expectativa de que intelectuais lidando com a situação cronologicamente posterior poderiam "aprender" algo com a experiência daqueles que foram confrontados mais cedo com a situação pós-Guerra e pós-Soviética (e tenho minhas dúvidas a respeito do que "aprender algo" pode significar aqui).

Dessa vez, entretanto, o foco de nosso colóquio não é a literatura pós-totalitária, mas a questão de se uma "heresia acadêmica" pode se transformar na causa das "revoluções no interior das Humanidades". Isso significa que o foco está em um problema que, mais uma vez e de forma inevitável, evocará cenários de tensões entre diferentes gerações. Nascido na Alemanha, trinta e sete meses após a rendição incondicional do país, descreverei algumas memórias daquela tensão geracional e articularei, em cinco passos, o que chamo (talvez de forma muito otimista) meu "argumento" em torno de uma situação tipicamente pós-totalitária nas Humanidades.

1.

A tarefa de nossos debates coloca as Humanidades em evidência sob dois ângulos distintos. Ela pressupõe que esse aglomerado de disciplinas acadêmicas seja comparável a uma instituição religiosa (algo contra o qual alguém pode cometer uma "heresia") e, ao mesmo tempo, comparável a uma instituição política (algo a ser superado ou transformado no processo de uma "revolução"). No entanto, não agirei como um desconstrutivista mesquinho e acusarei os organizadores do colóquio de contradição entre duas diferentes sugestões metafóricas. Antes, meu desacordo advém de uma pressuposição de concisão institucional que ambas as perspectivas compartilham e, portanto, atribuem a padrões intelectuais, estilos e práticas que chamamos de "as Humanidades". Nesse sentido, discordo, entre outras posições, do desejo ambicioso do Formalismo Russo, que, no começo do século XX, quis impor uma configuração institucional de "ciência" sobre as Humanidades (e sei que eles usaram a palavra "ciência" no sentido mais compreensível da palavra alemã "*Wissenschaft*"). Também discordo da suposição de uma analogia entre as Ciências e as Humanidades, como feita por aqueles que aplicam a teoria das "revoluções científicas" de T. S. Kuhn às Humanidades.

Da minha parte e em contraste marcante, vejo as "Humanidades e Artes" (como de forma bastante sugestiva as chamamos na tradição anglo-americana) como moldura institucional cujas estruturas externas e internas são muito mais fluidas, para não dizer caóticas, do que as molduras das ciências naturais e ciências sociais. Vejo as Humanidades como um aglomerado de disciplinas que se modificam continuamente e, por se modificarem, se transformam – muitas vezes (mas não sempre) sem qualquer direção programática, e por vezes, instigando chuviscos, ondas e tsunamis no oceano sem forma da esfera pública. Se tanto, tais chuviscos, ondas e tsunamis seguem (e aqui estou produzindo minha própria contradição metafórica) uma "lógica" emocional de romance familiar e revoltas edipianas, em vez da lógica institucional de heresias e revoluções.

Para meu relato de uma situação pós-totalitária nas Humanidades, irei então adotar a visão de Harold Bloom – ou devo chamá-la, com forte aprovação, de a "mitologia" de Harold Bloom? – sobre como as inovações acontecem na literatura.[2] Essa é uma visão de subsequentes e intermináveis revoltas edipianas, nas quais "filhos" fracos tentam ferir ou, de fato, enfraquecer "pais" fortes, produzindo, assim, inadvertida e inevitavelmente, um declínio na qualidade intelectual (ou artística), que se torna mais devastadora na medida em que o tempo avança. Como vivo sob (não ao menos de forma autocongratulatória) a impressão de que uma tal "Hermenêutica Edipiana" é a condição da minha própria (modesta) produção intelectual nas Humanidades desde o começo da década de 1970, e enquanto tento escapar dessa sombra infantilizadora do passado ao pensar na direção de uma

2. Provavelmente exposto da forma mais brilhante na coletânea de ensaios de Bloom, *Agon: Toward a Theory of Revisionism* (Oxford: Oxford University Press, 1982).

"Filosofia da Presença", o gênero do *divertimento* que oferecerei aqui deve ser "[Uma Fantasia Autobiográfica]" – e o uso do colchete de fato importa.

2.

Aqui está, então, a galeria (ou, se preferir a perspectiva mais marcadamente bloomniana, que é também de forma surpreendente nietzschiana e foucaultiana, aqui está a genealogia) dos meus antepassados acadêmicos alemães. Não estou alegando que ela pode acrescentar quaisquer fatos desconhecidos ou qualquer nova e importante perspectiva de avaliação ao discurso da história intelectual e acadêmica. Tentarei simplesmente redescrever a série de fatos, visões e retratos amplamente conhecidos à luz de minha reação pessoal, como agora os rememoro, cinco anos antes de um novo século.

Meu orientador acadêmico (ou, como se diz na linguagem acadêmica alemã, com uma mudança de ênfase sintomática, *mein Doktorvater* ["meu pai doutoral"]) fora o crítico literário Hans Robert Jauss, nascido em 1921, durante o ano estatisticamente mais típico para os participantes alemães nas ações militares da Segunda Guerra Mundial.

Desde a aula inaugural de Jauss na então recém-fundada Universidade de Constança, em 1966, ele tem sido o autor mais amplamente lido dentro de uma nova direção teórica dos estudos literários que, sob o nome de "estética da recepção", durante as duas décadas subsequentes, adquiriu circulação internacional considerável, perdendo lugar apenas, entre a exportação intelectual alemã nas Humanidades, para a assim chamada "Escola de Frankfurt". Enquanto fico de alguma forma aliviado por lembrar que minha relação com Jauss nunca fora fácil (muito menos "relaxada"), seria desonesto não admitir que me beneficiei enormemente da minha aprendizagem com ele (e, sobretudo, "sob" sua influência). Ele era meticuloso, tanto uma autoridade quanto um autoritário, leitor de cada página que seus alunos de doutorado e seus assistentes escreviam ("assistentes acadêmicos" acostumavam ser assistentes de professores titulares na tradição acadêmica alemã). A Jauss devo a premissa de que certa familiaridade com a tradição filosófica ocidental é condição necessária para a compreensão histórica e, quiçá inclusive, para a apreciação estética da literatura europeia; e fora, sem dúvida, graças a ele e à forte reputação de sua "escola" que minha transição em direção aos escalões mais altos da profissão acadêmica na Alemanha veio bem cedo e de forma bastante suave.

O que quer que eu tenha experimentado como tensão pessoal, eu então interpretava (e colocava entre parêntese da melhor forma como podia) como consequência de um contraste de fato importante e especificamente germânico entre a formação cultural de Jauss e a minha própria. Eu interpretava as tensões pessoais como consequência do contraste entre um ex-pietista suábio (Jauss) – e ainda bastante praticante, quer dizer, um tipo de pessoa orientada por objetivos, autocontrolada e sempre tenazmente bem-sucedida; e, de outro lado, nada mais que um bávaro ex-católico, de vez em quando muito devoto, exuberante de um jeito irresponsável e, sobretudo, sociável (eu). Graças provavelmente a uma inquietação que sempre ensombrecia nossas (de outro modo) eficientes e reciprocamente benéficas interações, eu não estava terrivelmente surpreso e certamente nada "chocado" (se fizer talvez um esforço excessivo em ser honesto, admitirei que fiquei de fato aliviado e mesmo *shadenfroh* [regozijado]) quando então soube, passo a passo, numa sequência persistente de confissões forçadas desde os começos dos anos de 1980, que meu orientador acadêmico – o parágono do progresso político, a figura pública social democrata, o admirador sem limites do imigrante da Segunda Guerra Mundial Willy Brandt, e, mais extraordinariamente, o marido de uma judia que sobreviveu à guerra se escondendo – fora um oficial de alto escalão da Waffen SS de Hitler. Havia inclusive uma suspeita de que Jauss pertencera à unidade de elite que mantinha em ordem o dia a dia do *Führerbunker* de Hitler na primavera de 1945; suspeita sugestiva que, independentemente de sua correção com a verdade factual, transformou-se numa obsessão para mim enquanto assisti recentemente ao filme histórico alemão *A Queda*.[3]

3. O palco mais intenso do debate em torno do passado de Jauss aconteceu no jornal diário *Frankfurter Rundschau*, entre maio e junho de 1996. Embora ninguém estivesse, naquele momento, recusando o fato de que Jauss havia sido um oficial da Waffen SS, é retrospectivamente espantoso verificar como, em 14 de maio, as acusações de Earl Jeffrey Richards, que havia descoberto as evidências documentais das atividades nazistas de Jauss, foram precedidas e sucedidas por uma série de rejeições insultantes (muitas das quais escritas por críticos literários da geração pós-Guerra). Conferir, por exemplo, *Frankfurter Rundschau*, 19 de março (Michael Nerlich), 28 de maio (Hans Robert Jauss e Karlheinz Stierle), e 11 de junho (Manfred Fuhrman). A defesa de Stierle de seu orientador acadêmico foi reimpressa no jornal francês *Le Monde*, o qual também ofereceu a Jauss a oportunidade de "corrigir", na forma de entrevista, as acusações de Richard. Jauss utilizou essa entrevista para insinuar suspeitas de atividades nazistas por parte de colegas de sua própria geração, alguns dos quais parecem nunca ter sido recrutados pelos militares alemães, que dirá recrutados pela SS. Até os dias de hoje, o dossiê mais devastador que Richard organizou nunca foi publicado ou discutido

O professor acadêmico que Jauss mais admirava, de uma distância disciplinar que apenas aumentou a intensidade de sua admiração (pois humanistas alemães sempre buscam um filósofo entre eles), era Hans-Georg Gadamer, cujo ano de nascimento era 1900. As memórias das poucas vezes em que vi Jauss e Gadamer engajados numa discussão acadêmica estão permeadas pela impressão de que, a despeito da evidente devoção do ex-aluno, Gadamer tratava Jauss com excepcional condescendência, e quase com contentamento, como se já conhecesse todo o passado Nazi de seu aluno (o que parece, de toda forma, bastante improvável – mas cujo gesto me fez sentir uma imediata e perene simpatia por Gadamer). Outros já argumentaram, não sem boas razões filosóficas e empíricas, que a nova versão da "hermenêutica filosófica", a qual teve Gadamer como pai fundador com a publicação do seu *Verdade e Método* em 1961 (o qual, na forma de preleções, já havia tido um impacto decisivo em toda uma geração de jovens humanistas alemães do pós-guerra), forneceu imunidade intelectual para a geração de então jovens nazistas nas Humanidades, graças à insistência de Gadamer na necessidade tanto de aceitar quanto de acolher o legado das tradições locais e nacionais, e graças a sua defesa subsequente em remodelar essas tradições de acordo com as perspectivas sempre cambiantes de cada novo presente.[4]

Contudo, como tento escrever aqui no estilo de um romance familiar (ou "fantasia autobiográfica") mais do que de acordo com

---

na Alemanha: "Vergangenheitsbewältigung nach dem Kalten Krieg: Der Fall Hans Robert Jauss und das Verstehen", *Germanisten* 2, p. 1-15, 1997.

4. Para uma discussão mais complexa, ver Anselm Haverkamp, *Latenzzeit: Wissen im Nachkrieg* (Berlin: Kadmos, 2004).

o gênero de uma história intelectual, deveria antes oferecer alguns fatos biográficos ao invés de me engajar numa interpretação de teorias da interpretação. Gadamer, cujo pai fora professor de Farmacologia e *Rektor* da Universidade de Marburg durante a década de 1920, sobreviveu aos anos nazistas como um filósofo de meia-idade razoavelmente bem-sucedido atuando em diversas universidades alemãs. Seu histórico político parecia tão imaculado, ao menos de um certo ponto de vista, que a administração soviética o elegeu *Rektor* na Universidade de Leipzig nos anos pós-Guerra, cuja honra e reconhecimento não preveniram-no de aceitar uma proposta de transferência para a Universidade de Heidelberg (então situada na zona de ocupação estadunidense da Alemanha) durante o início dos anos 1950.

Gadamer havia sido estudante de Martin Heidegger, provavelmente o verdadeiro grande aluno de Heidegger, ao longo dos anos 1920 e começo dos anos 1930, em Freiburg, Marburg e, novamente, em Freiburg. Como Ludwig Wittgenstein e Adolf Hitler, Heidegger nasceu em 1889, e, como é sabido, aderiu ao partido Nacional Socialista em 1º de maio de 1933, três meses após a eleição de Hitler para o gabinete do *Reichskanzler* alemão – escassos dez dias depois da eleição de Heidegger como *Rektor* na Universidade de Freiburg. Enquanto Gadamer se tornaria mais tarde um filósofo sob forte influência de Heidegger que fez contribuições palpáveis para a recepção nacional e internacional do trabalho do seu orientador, ele parece ter assumido um certo distanciamento, na esfera da relação pessoal, no momento em que Heidegger se comprometeu publicamente com o movimento Nacional Socialista; uma distância que ele nunca abandonou completamente durante as três subsequentes décadas de vida de Heidegger no pós-Guerra. (Heidegger morreu em 1976.)

Os detalhes do envolvimento de Heidegger com as instituições nazistas alemãs são suficientemente conhecidas hoje em dia, e a impressão que produzem se situam entre constrangimento e atordoamento.[5] Constrangimento porque Heidegger foi malsucedido, de uma forma quase grotesca, em vender às autoridades nazistas a importância de sua filosofia e seus próprios projetos para uma reforma ideológica na universidade alemã. Atordoamento, contudo, porque não se pode evitar dar uma resposta afirmativa à questão levantada certa vez por Jacques Derrida como a única questão relevante a respeito dos anos nazistas de Heidegger, isto é, a questão de se ele poderia ser um dos grandes filósofos do século XX se não tivesse afinidades intelectuais com a ideologia nazista. Se, por um lado, não acredito que Heidegger tenha escolhido e abraçado de forma deliberada tal aproximação filosófica com a ideologia nazista (ao menos não antes de 1933), há, por outro lado, uma convergência óbvia, primeiramente, entre a "ontologia existencial" terrena desenvolvida em *Ser e Tempo* (1927), o livro mais bem-sucedido de Heidegger, e a ideologia que circundava a SA, isto é, as unidades paramilitares formadas por veteranos de guerra que conquistaram a esfera pública alemã para Hitler. Em segundo lugar, é minha impressão de que a frequentemente evocada "viravolta", que

5. Alguma das referências padrão são Hugo Ott, *Martin Heidegger: Unterwegs zu seiner Biographie* (Frankfurt a. M.: Campus, 1988); Rüdiger Safranski, *Martin Heidegger: Between Good and Evil* (Cambridge, MA: Harvard University Press, 1998); e, mais recentemente, Emmanuel Faye, *Heidegger, l'introduction du nazisme dans la philosophie: Autour des séminaires inédits de 1933-1935* (Paris: Albin Michel, 2005).

supostamente aconteceu na filosofia de Heidegger durante os anos 1930, começou com "Introdução à Metafísica", preleções que ele proferiu no semestre de verão de 1935, ocasião em que se concentrou com mais rigor no "autodesvelamento do Ser" como um "acontecimento da Verdade"; viravolta que concedeu à sua filosofia uma estrutura mais hierárquica, estrutura que era provavelmente mais próxima do estilo ideológico da elite SS do que aquela da SA.[6]

Diferentemente do meu "pai acadêmico" Hans Robert Jauss, Martin Heidegger, meu "bisavô acadêmico", por assim dizer, nunca se esforçou muito para esconder seu envolvimento com o partido nazista, o qual, a despeito das óbvias decepções políticas de Heidegger, só chegou a seu fim inevitável com o colapso da Alemanha em maio de 1945. Heidegger nunca se esforçou para explicar publicamente sua posição ideológica, quanto menos se desculpar por ela. Talvez o compromisso de Heidegger com o Nazismo se tornou tão natural para ele que qualquer explanação retrospectiva pareceria tão tautológica quanto paradoxal. Qualquer que tenha sido a razão para esse silêncio doloroso (doloroso ao menos para os admiradores de Heidegger), um silêncio que não abafou nada, a quebra do silêncio teria ao menos nos fornecido uma melhor compreensão a respeito da relação de Heidegger com seu mentor e protetor acadêmico, Edmund Husserl, um filósofo judeu nascido no Império Austro-Húngaro, em 1859, e morto na Alemanha Nazista de 1938, abandonado pela maioria de seus antigos amigos e colegas acadêmicos, dentre eles Heidegger. Heidegger havia se tornado aluno de Husserl e,

6. Ver meu ensaio sobre "Einführung in die Metaphysik" (1935) e a "viravolta" de Heidegger em *Frankfurter Allgemeine Zeitung*, Setembro de 2005.

em seguida, seu assistente na Universidade de Freiburg, durante os anos de 1910, quando muitos autores e leitores no universo da filosofia o consideravam seu grande representante vivo. Em 1927, o livro *Ser e Tempo* de Heidegger trazia uma dedicatória a Edmund Husserl – e sabemos que Husserl, desejoso de apoiar a carreira do seu ex-aluno, cuja genialidade já havia reconhecido, leu o livro em sua prova tipográfica (de fato colaborando para que Heidegger agilizasse sua publicação), e ele estava convencido inicialmente de que *Ser e Tempo* trazia à completude sua própria filosofia. Esse fato – isto é, que Husserl, ao menos em um breve período de tempo, teria acreditado que um argumento, que hoje compreendemos tão bem como sendo um ponto de partida e de fato como uma antítese à sua própria filosofia, era a realização de seu próprio pensar – é muito mais interessante e instigante para mim do que o fato, infelizmente bem plausível, de que Heidegger removeu a dedicatória a seu mentor judeu das edições posteriores de *Ser e Tempo* durante os anos nazistas – e, claro, a reintegrou, depois de 1945.

3.

Hans Robert Jauss, Hans-Georg Gadamer, Martin Heidegger e Edmund Husserl são meus quatro (bastante diferentes e bem pesadamente "alemães") antepassados intelectuais, quatro gerações da minha genealogia acadêmica. Como ela inclui três dos grandes filósofos alemães do século passado e um crítico literário internacionalmente reconhecido, a questão sobre o modo como eu poderia ter reagido a essa genealogia se transforma em uma mera pergunta retórica, ao menos para alguém que dê um mínimo de crédito para a tipologia de Bloom em torno da hermenêutica edipiana. Como um sucessor "fraco" de quinta geração, não poderia evitar "ferir" meu pai acadêmico que, por sua vez, fez o que pôde e o que suas circunstâncias históricas particulares o permitiram para "ferir" alguns de seus antepassados acadêmicos. Hoje admitiria, com um humor entre autocrítico, autoirônico e autocongratulatório, que a sequência de episódios de minha revolta edipiana promoveu algum bom entretenimento intelectual, assim como uma carreira acadêmica acima da média.

De forma bastante irônica, a primeira das minhas revoltas edipianas foi pensada para ser o mais devoto elogio ao meu orientador, Hans Robert Jauss. Quando, em 1971, me tornei assistente de Jauss na Universidade de Constança, estava convencido de que a "estética da recepção" tinha o potencial de promover uma diferença democrática dentro dos estudos literários, uma diferença que daria nova autoridade e mesmo nova dignidade a interpretações múltiplas que (histórica e sociologicamente) diferentes grupos de leitores atribuíram a textos canônicos e não canônicos. Nesse mesmo espírito e com toda candura, organizei um experimento "empírico" no qual tentava documentar, meticulosamente, as diferentes reações de diferentes leitores com formações culturais distintas diante de um conjunto de poemas alemães e prosas curtas.

Enquanto ele não via qualquer utilidade em tal "democratização" de leitura, a qual em última instância diminuiria sua autoridade como um leitor hierarquicamente superior, a reação de meu mestre foi brusca, para dizer o mínimo, e veio como um profundo choque para mim. Foi um choque que, para retomar a dimensão metafórica da teoria de Bloom, me deixou marcado academicamente para sempre. Não apenas Jauss se recusou a demonstrar o mínimo interesse em minha "pesquisa"; ele inclusive me acusou, na atmosfera competitiva dos colóquios semanais de nosso departamento, de transformar "textos literários em uma matriz vazia". (Ainda posso escutar Jauss pronunciando as palavras "*leere Matrix*" com seu forte sotaque do sudoeste alemão). Para tornar as coisas ainda piores, ele me chamou de "a-dialético" (o que quer que isso deveria significar) e me acusou de carecer da mais básica compreensão sobre "hermenêutica literária". A apresentação do meu projeto se transformou em um momento completamente desastroso de humilhação e derrota inesperada.

Após aquela noite de começo de verão (de 1972?) em que a minha condenação pública havia acontecido (desde então, associei obsessivamente esse episódio a uma famosa cena histórica em que o Capitão Dreyfus era destituído de todas as suas condecorações, o que parece sugerir, de forma embaraçosa, que ainda espero por minha reabilitação!), após aquela noite desastrosa para mim, a relação com meu até então admirado e mesmo amado *Doktorvater* jamais seria a mesma – tanto que, desde então, tenho me lembrado da paisagem docemente bucólica e pré-alpina de Constança como um cenário de infelicidade pessoal e depressão. Contudo, ao invés de direcionada contra Jauss, minha agressão imediata e minha energia vingativa se viraram para as palavras "dialética" e "hermenêutica" – de forma definitiva como, de fato, reconheço agora. Durante mais de trinta anos, fiz tudo o que meus poderes intelectuais me permitiram para provar que essas palavras eram tão "vazias" quanto minha concepção de texto literário aparecia na visão punitiva de Jauss.

Marcado e derrotado como continuo a ser, meu próximo ataque edipiano, e, dessa vez, bem mais deliberado, teve de esperar até que eu alcançasse um *status* de independência acadêmica, ao ser nomeado para a cadeira de professor na Universidade de Bochum (na nada bucólica região mineradora de carvão de Ruhr) no começo de 1975. Em meu primeiro ensaio escrito em Bochum, tentei provar como ilusórias e erradas o que eram então as principais promessas da teoria da recepção de Jauss, isto é, a reivindicação (obviamente "hermenêutica") de que era possível reconstruir e demonstrar em detalhes como a literatura, por meio da mediação das reações de leitores e por meio das conclusões que tiravam de suas leituras, era uma grande força na formação (obviamente "dialética") do processo histórico. Minha acusação era baseada no argumento que peguei emprestado de Max Weber, a respeito da impossibilidade de separar analiticamente os diferentes tipos de experiências que convergem para formar as motivações de qualquer tipo de ação.[7] Reconhecidamente, a reivindicação que tanto quis desafiar parece hoje bastante ilusória e rasa, tão rasa que, de fato, não requer muita energia edipiana para descobri-la como nada mais do que "algo vazio". No entanto, em 1975, meu ataque era escandaloso e bem-sucedido em, pela primeira vez, chamar a atenção irritadiça e raivosa de Jauss. Meu ataque também recebeu a atenção

7. Hans Ulrich Gumbrecht, "Konsequenzen der Rezeptionsästhetik oder Literaturwissenshaft als Kommunikationssoziologie", *Poetica* 7 (1975): 388-415. Disponível em português em Gumbrecht, H. U.; Rocha, João Cezar de Castro (ed). *Corpo e forma: ensaios para uma crítica não hermenêutica*. Rio de Janeiro: EDUERJ, 1998.

de alguns leitores que ousaram declarar que eram simpáticos à minha posição, a posição de vira-lata edipiano.

Que Jauss tenha me respondido rapidamente com uma ameaça explícita de "exclusão de sua escola no *status* de um renegado", isso era encorajamento e motivação suficientes para me levar além dos primeiros dez anos de amadurecimento acadêmico. Dentro de certo ritmo de crescendo edipiano, meu ataque subsequente tornou-se mais geracional do que pessoal. Meu ataque tinha o intuito de desafiar uma série de colóquios e publicações interdisciplinares que Jauss inaugurou e inspirou, desde meados da década de 1960, sob o título de *Poetik und Hermeneutik* (a "hermenêutica" outra vez!) – independente de eu reconhecer sua qualidade intelectual excepcional. Como não obtive, apesar dos convites ocasionais para alguns dos eventos da *Poetik und Hermeneutik*, a honra tão desejada de me tornar um membro proeminente do "grupo de pesquisa" (e, assim, seu subtítulo ou sobrenome oficial), meu único caminho de perseguir algum tipo de compensação fora inaugurar e organizar, ao longo da década de 1980, uma série alternativa de colóquios para aqueles humanistas (em grande parte alemães) da minha geração que ainda sentiam uma vocação para se comportarem como "jovens acadêmicos raivosos" – e para alguns já eruditos maduros que não haviam encontrado nada mais do que graça e atenção condescendentes da estabelecida *Poetik und Hermeneutik*.

Com grande apoio da Universidade de Siegen, para onde me transferi nesse meio-tempo (basicamente, porque senti que sua imagem provinciana seria razão suficiente para que financiassem projetos excêntricos) e junto com meu amigo Ludwig Pfeiffer – um ex-aluno de Wolfgang Iser, parceiro geracional e rival de Jauss –, nós manejamos tornar concreto (pelo menos nossa impressão) meu sonho edipiano – mais claramente meu do que de Pfeiffer –, graças, em grande parte, a duas simples e sagazes inovações políticas. Como a ambição principal de todos os humanistas de "ala esquerda" daqueles anos (e havia, então, ainda menos humanistas do que hoje que ousariam se declarar de outra forma que não de "esquerda") era "incluir" colegas vindos das nações oficialmente "socialistas" do Leste Europeu, aproveitamos uma oportunidade mais ou menos aleatória de conduzir cinco colóquios entre 1981 e 1989 na bela cidade costeira de Dubrovnik, na então Iugoslávia. Isso porque a Iugoslávia era o único estado socialista que estava àquela época preparado para permitir que ocidentais organizassem eventos acadêmicos, enquanto, ao mesmo tempo, os demais Estados muito mais rigidamente socialistas encontravam dificuldades em impedir que seus acadêmicos viajassem para uma república irmã como a Iugoslávia. Isso nos deu a aura de sermos "radicais", a qual, de um ponto de vista ideológico ou mesmo filosófico, era amplamente imerecido.

Pfeiffer e eu tivemos também a sorte de termos os volumes dos nossos colóquios publicados e (por comparação) agressivamente divulgados pela Suhrkamp, a editora mais poderosa e de maior projeção no universo intelectual de língua alemã.[8]

8. Cerquiglini, Bernard; Gumbrecht, Hans Ulrich (ed.). *Der Diskurs der Literatur- und Sprachhistorie: Wissenschaftsgeschichte als Innovationsvorgabe* (Frankfurt a. M.: Suhrkamp, 1983); Gumbrecht, H. U. e Link-Heer, Ursula (eds). *Epochenschwellen und Epochenstrukturen im Diskurs der Literatur- und Sprachhistorie* (Frankfurt a. M.: Suhrkamp, 1985); Gumbrecht, Hans Ulrich; Pfeiffer, K. Ludwig (eds). *Stil: Geschichten und Funktionen eines kulturhistorischen Diskurselements* (Frankfurt a. M: Suhrkamp, 1986); Gumbrecht, H. U.; Pfeiffer, K. Ludwig (eds). *Materialität der Kommunikation* (Frankfurt

Tão longo alguns leitores potenciais começaram a perguntar à Suhrkamp se aqueles belos (e sempre velozmente produzidos) livros eram substitutos para as séries *Poetik und Hermeneutik*, sentíamos que havíamos vencido nossa primeira batalha ofensiva.

Em torno de 1985, chegou o momento da aposentadoria compulsória de Jauss de sua cadeira na Universidade de Constança. Enquanto sua fama e glória já estavam enfraquecendo em consequência das primeiras revelações em torno de seu passado Nacional Socialista, a abertura de uma posição acadêmica colocou em curso o rito usual de competição pública acadêmica (sobretudo, entre seus ex-alunos e assistentes) pela ainda significativa honra de tornar-se seu sucessor. Desnecessário dizer que assumi avidamente esse desafio esperado – em meus próprios termos edipianos. Diante da presença e em face do meu *Doktorvater*, minha palestra, naquela ocasião, delineou (mais vagamente do que convincentemente, temo) o programa de uma nova Crítica Literária Não Hermenêutica.

É claro que eu não tinha a menor chance – nem a mais remota chance, é verdade – de me sair entre os primeiros nessa competição. Pelo contrário, o comitê fez questão de que a típica "lista classificatória dos três primeiros candidatos", lista que as

---

a. M: Suhrkamp, 1988); Gumbrecht, H. U.; Pfeiffer, K. L.. *Paradoxien, Dissonanzen, Zusammenbrüche*: *Situation offener Epistemologie* (Frankfurt a. M.: Suhrkamp, 1991). Há uma parte de *Materialität der Kommunikation* disponível em francês no volume *Génitif 8* (1987) e uma coletânea de ensaios do *Materialität* e de *Paradoxien* em Gumbrecht; Pfeiffer (eds). *Materialities of Communication* (Stanford: Stanford University, 1994). Em 1991, Pfeiffer e eu organizamos um sexto colóquio (último e intelectualmente muito menos sucedido) na Universidade de Stanford, o qual foi publicado (com impacto consideravelmente menor do que os volumes da Suhrkamp) sob o título *Schrift* (München: Fink, 1993), e nos volumes de primavera e outono da *Stanford Literature Review*.

universidades alemãs submetem a seus ministros de Estado como proposta para novas nomeações e reposições, fosse liderada por dois outros (e consideravelmente mais velhos) ex-alunos de Jauss, seguidos de um colega simpático mais indefinível, que nunca fora parte da Escola de Constança. Paranoico como era, interpretei (e provavelmente li erroneamente) a lista como um gesto de humilhação direcionado a mim. Entretanto, comparado ao meu trauma inicial em Constança de cerca de uma década antes, senti-me um herói, por toda dor que aqueles reveses ainda me causavam. Sim, tento me persuadir, eu era o único candidato e ex-assistente que ousou falar com franqueza, e máxima provocação, na casa do pai. Desejei ser aquele que se sentia independente o suficiente para suportar a reação furiosa do mestre, assim como de seus amigos locais, clientes e admiradores que se reuniram em torno de Jauss, como se fosse necessário protegê-lo de terrorismo intelectual. (Acredito que nunca perdi simpatia e respeito por tantas pessoas em menos de uma hora como durante a discussão que se seguiu à minha segunda – e até hoje, última – conferência em Constança). Ao mesmo tempo, estava orgulhoso de receber as congratulações em grande parte às escondidas por aqueles (não poucos!) colegas de Constança que, jovens ou maduros, gostaram e, talvez, até compartilhavam do meu espírito de rebelião.

Alguns daqueles outros, que optaram por seguir as regras do modelo acadêmico de filhos e filhas fiéis, supuseram (alcançando a verdade apenas em parte, acredito) que meu gesto abertamente agressivo fora encorajado pelas primeiras notícias a respeito do serviço de Jauss na Waffen SS. Suas exortações quase unânimes e, sem dúvida, bem intencionadas eram para que eu tentasse "fazer justiça" ao meu orientador, levando em conta todo tipo de circunstância histórica específica que explicaria e desculparia seu erro nazista "jovial". Tendo sempre feito o que pude para evitar a palavra "ética" e suas demandas implícitas, essa era, de fato, uma expectativa cujo "fundamento ético" nunca quis compreender – a despeito do esforço excepcional em levá-la a sério. Por que, pois, deveria me sentir obrigado a fazer tal esforço em favor de alguém que, tendo não apenas cometido o erro de ter se alistado, sem qualquer necessidade, nas fileiras de uma das mais ultrajantes ideologias e tiranias homicidas na história da humanidade, mentiu então sistematicamente para seus alunos e colegas a respeito dessa decisão ou culpa, baseando em tais mentiras ultrajantes pretensões de sua superioridade moral e política? Diferente de meus colegas e amigos que não poderiam suportar sequer imaginar seus pais acadêmicos sendo publicamente humilhados, então compreendi – provavelmente com certo grau de cinismo? – que tomar distância visível de Jauss, sem me engajar em acusações agressivas, poderia apenas funcionar a meu favor.

4.

Naquele momento, no entanto, minha carreira na Alemanha havia chegado ao seu limite. Essa é, ao menos, a minha avaliação retrospectiva da situação que eu descreveria com grande otimismo, em 1988, quando – para minha surpresa, de forma bem honesta – recebi uma proposta de assumir uma cadeira em Literatura Comparada na Universidade de Stanford. Stanford se estabeleceu, desde o fim da Segunda Guerra Mundial, como uma das mais importantes instituições acadêmicas no mundo, delineando sua força e glória, sobretudo, nas ciências e áreas como engenharia, direito e administração – de forma que um espaço significativo estava aberto para a ambição ilimitada de um humanista europeu em seus 40 anos de idade. Na Alemanha, eu havia adquirido a fama de acadêmico irritável e enérgico. Contudo, provavelmente era também diagnosticado como invariavelmente iconoclasta para o gosto de universidades mais renomadas como Bochum ou Siegen. Foi então que deixei a Alemanha em direção à Califórnia, no verão de 1989 – se não no papel de um imigrante vitimado, certamente com um alívio considerável diante da possibilidade de obter distância espacial e institucional do passado alemão, cujo silêncio incondicional de uma geração de perpetradores se impôs sobre a minha geração – assim como com a firme intenção (e já há bastante tempo levada a cabo) de me tornar cidadão norte-americano. Como me lembro hoje daquele momento, dificilmente havia algo de estratégico em todas aquelas decisões e escolhas favorecendo o Estados Unidos. Havia, sobretudo, apenas uma enorme atração, não somente acadêmica, de estar *lá*.

Se acredito que a distância e uma nova (embora desbotada) aura pessoal, que peguei emprestado da reputação institucional de Stanford, me ajudou a receber mais influências do que quando na Alemanha (onde, durante os dias no meu departamento, o processo doloroso e dispendioso de "reunificação" nacional teve início), minha memória esmagadoramente mais forte é que, para dizer com uma fórmula idiomática estadunidense, "jamais olhei para trás novamente". Jauss, que, nesse ínterim, perdera o direito de entrar nos Estados Unidos, parecia tão diminuto visto da orla do Pacífico que qualquer apelo por outros projetos edipianos se evanesceram em mim. Tão cedo quanto o outono de 1989, ele me escreveu uma última vez com o mais humilde pedido de tirá-lo de uma situação desagradável na Argentina, onde alguns jornais de Buenos Aires, reagindo a um grande alerta público contra supostas ameaças de fascismo emergente, enterraram Jauss e o Instituto Goethe local com um relato completo de seu passado nazista. Eu lhe respondi sucintamente dizendo que apenas interviria se ele pudesse fornecer alguma evidência documental daquilo que ele então chamava sua "identificação errônea" como oficial da SS. A reação de Jauss, enviada por fax, consistia em três palavras alemãs impotentemente absurdas "Schämen Sie sich" ("Shame on you", "Que vergonha, você!") – o que acabou por se tornar o fim (para mim libertador) da nossa história. Quando Jauss morreu em 1997 de acidente vascular encefálico (essa foi, ao menos, a versão oficial), não senti alívio nem arrependimento.

Foi durante meus anos em Stanford que descobri e comecei a desenvolver – sob a capa edipiana do que inicialmente chamava de "não hermenêutica" – uma fascinação pelos fenômenos e efeitos da "presença", i.e., por aquelas dimensões da cultura que emergem da relação do nosso corpo com as coisas pelas quais somos circundados e das quais fazemos parte, mais do que atos de atribuição de sentido. Admitirei, no entanto, que foi um de meus alunos (quem desde então se tornou um colega e amigo) – e não a minha mente nem sempre muito inventiva – quem, em um seminário que lecionei como professor visitante no Rio de Janeiro, surgiu com a fórmula reveladora de "produção de presença", a qual se transformou, desde então, no nome e no colchete classificatório do meu trabalho acadêmico durante a última década.[9]

Na minha própria experiência subjetiva (e tenho um orgulho quase infantil em afirmar isso), essa filosofia da presença é tão distante dos meus começos acadêmicos na Alemanha quanto é o lago de Constança do Pacífico Norte Ocidental. Ainda assim, meus alunos e colegas ainda hoje me identificam, mais insistentemente do que antes, como um "pensador alemão" e um "autor alemão". Após anos de resistência desesperada, finalmente aprendi a viver um pouco mais em paz com o passado nacional do qual não poderei escapar, assim como já me habituei ao fato, para mim dolorosamente decepcionante, de que permanecerei para sempre um cidadão estadunidense que é facilmente reconhecido pelo sotaque alemão. Ao menos uma minoria qualificada e querida de colegas estadunidenses compreendem, contudo, que eu gostaria de destacar uma diferença – comparado com a maioria dos humanistas europeus inscritos na folha de pagamento das universidades estadunidenses –, ao enfatizar que estou *aqui e bem feliz aqui porque escolhi estar aqui*, porque escolhi esse ambiente para meu trabalho e esse país para minha família

9. Os quatro livros que se debruçam sobre a presença são: *Em 1926: vivendo no limite do tempo*. Rio de Janeiro: Record, 1999. (*In 1926: living in the edge of time*. Cambridge, MA: Harvard University Press, 1997); *Poderes da Filologia: dinâmicas da pesquisa textual acadêmica*. (*Powers of Philology: dynamics of textual scholarship*. Urbana, Il: University of Illinois Press, 2003); *Produção de Presença: o que o sentido não consegue transmitir*. Rio de Janeiro: Contraponto; Ed. PUC-Rio, 2010. (*Production of presence: what meaning cannot convey*. Stanford: Stanford University, 2004), e *Elogio da beleza atlética*. São Paulo: Companhia das Letras, 2007. (*In Praise of Athletic Beauty*. Cambridge, MA: Harvard UP, 2006).

(e para minha velhice). No que se refere à constante identificação como intelectual alemão, isso parece depender, em grande medida, da importância central da filosofia de Heidegger sobre o meu trabalho. Esse fato tem um toque de ironia para mim, uma vez que tratei de ignorar consistentemente sua filosofia durante os anos em que estive na Alemanha, e que somente comecei a me familiarizar e me tornar apreciador de seus livros e ensaios ao tentar corresponder às expectativas específicas dos meus alunos nos Estados Unidos.

No entanto, não seria contraditório ter tomado uma posição tão agressiva e punitiva em relação ao passado de Jauss, enquanto agora estou, de fato, infectando as gerações intelectuais futuras com o pensamento de um filósofo que é tipologicamente muito mais próximo à (embora obviamente não idêntico à) ideologia Nacional Socialista do que qualquer postura que meu orientador acadêmico tenha abraçado publicamente? Há uma quantidade de respostas plausíveis para essa questão que eu poderia mencionar, mas não vou. Não insistirei no intenso sentimento de desgosto pela personalidade de Heidegger, que não posso superar nem tampouco desejo superá-la; não sublinharei a distância abismal entre a importância histórica da filosofia de Heidegger e as ideias de Jauss, há muito obsoletas em torno da reforma dos estudos literários; nem, tampouco, tentarei delinear uma legitimação a partir do fato de que Heidegger, diferentemente do meu *Doktorvater*, ao menos nunca mentiu sobre seu passado. O que importa unicamente no contexto desse ensaio é a perspectiva de que um ponto de referência energizante para a revolta intelectual parece ser a geração imediata de nossos predecessores. Sim, é "de certo modo injusto" que sou muito mais indulgente com

Heidegger do que desejei ser em qualquer momento com Jauss, e talvez seja ainda mais "injusto" o fato de que sempre me senti mais atraído pela elegância intelectual que reconhecia no orientador de Jauss, Gadamer, do que encontrava na hermenêutica do próprio Jauss, invariavelmente sufocante.

Então, mais uma vez, a quem devo tal justiça (hermenêutica?), e qual seria de qualquer modo seu mérito e sua função, uma vez que ambos os lados do meu desequilíbrio edipiano, o lado Jauss e o lado Heidegger, estão funcionando aparentemente bem para mim? Não poderia ao menos decidir, sem qualquer culpa (como de fato não tenho), que sou particularmente interessado na filosofia de Husserl, especificamente na filosofia de seus últimos anos, tão somente por ele ser o judeu e a vítima da minha genealogia acadêmica?

5.

Permitam-me, então, finalizar com algumas perguntas que, após tanta "conversa fiada" autobiográfica (como Heidegger poderia dizer), tentarão retornar esse artigo para uma direção de interesse acadêmico mais geral. Seria um sintoma de fracasso, como tenho escutado nos últimos anos, o fato de que não tratei de estabelecer uma "escola" de alunos cujo estilo intelectual e cuja posição profissional estejam relacionados à visibilidade do meu nome e, assim, o retroalimentariam? Essa crítica é certamente correta em termos factuais: há uma boa quantidade de ex-alunos que construíram, nesse entretempo, carreiras acadêmicas respeitáveis (o que, devido à quantidade de anos que dediquei a essa profissão, é algo nada surpreendente). Elas não são, no entanto, ambiciosas ou convergentes o bastante para serem identificadas como uma "escola". Deveria ter tentado com mais afinco? Teria falhado por não ter ousado ser um sofrimento para meus alunos (como Jauss certamente o fora para mim)? Ou seria um mérito que tratei de evitar que meus alunos sofressem o que sofri? Ou não seria fracasso nem tampouco mérito, mas tão somente uma consequência aleatória do meu temperamento nada extraordinário? Apenas como registro (e como desculpa em potencial), permitam-me mencionar que há pelo menos um ex-aluno notavelmente bem sucedido que certa vez ameaçou me enviar a conta de seu tratamento psicoterapêutico, o qual, de acordo com o terapeuta, tornou-se necessário devido ao meu comportamento irresponsável como orientador.

Todavia, não seria embaraçosamente revelador que as palavras decisivas ("produção de presença"), graças às quais acredito ter tomado uma distância, durante os últimos anos, da dinâmica estressante da hermenêutica edipiana, tenham vindo de fora, de um aluno brasileiro? Esse evento afortunado (para mim ao menos) marcaria um limite de quão longe as revoltas edipianas podem o levar em termos de progresso intelectual, i.e., nunca além do escopo da negação simétrica? Ou minha apreciação pela filosofia de Heidegger, descoberta tardiamente, não confirmaria que fracassei em deixar para traz meu passado alemão? Finalmente, ao menos no que diz respeito aos meus medos duradouros, seria eu capaz de ter uma vida intelectual, mais do que meramente repetitiva, agora que todos aqueles livros sobre "presença" estão escritos, livros que representam claramente minha própria tentativa, talvez até tentativa californiana, de enfraquecer a hermenêutica dos meus antepassados acadêmicos?

"O tempo dirá", devo dizer, revertendo para o nível mais raso do estilo acadêmico desgastado de "sabedoria socrática". Felizmente, meu público de Moscou estava obcecado com uma questão muito mais interessante e muito mais específica. Tratava-se de uma questão a respeito de uma situação, na verdade, da situação pós-soviética nas Humanidades, que, insistiram, é povoada por ex-colaboradores e ex-perpetradores, nenhum dos quais tinha relevância intelectual suficiente para assumir, produtivamente, o papel de "pai intelectual a ser ferido". Haveria um caminho para inflamar a vida acadêmica em um terreno tão baldio? Há vida intelectual em uma situação pós-colapso, na qual inexistem figuras como Jauss e Heidegger?

Finalmente, estaria Harold Bloom certo em sua suposição (feita exclusivamente para a literatura) de que os pais são sempre e objetivamente mais fortes do que os filhos, e que, deste modo, genealogias acadêmicas e literárias descreveriam inevitavelmente trajetórias de declínio qualitativo? Uma condição parece certamente estar em jogo aqui: quão produtivo e, talvez ainda, necessário é que os "filhos" acreditem, por algum tempo ao menos, que seus pais são avassaladoramente poderosos? Por qual outro motivo desejariam os filhos ferirem os pais? O desejo, no entanto, de machucar e enfraquecer os pais não anda junto com o sonho de um dia se tornar mais forte e mais brilhante do que eles um dia foram?

Poucos meses atrás, perguntei a um aluno, por e-mail e sem intenções incertas, quem, em sua visão, teria sido o romanista de origem alemã mais expressivo das últimas décadas. "Apesar de tudo", escreveu meu aluno sem hesitação, "devo atribuir essa honra a Jauss, pois ninguém perseguiu suas ideias programáticas com mais concentração e sucesso do que ele". Minha reação depressiva a esse e-mail deixou muito claro para mim que nós, (ex-)filhos edipianos, não acreditamos, ao menos não necessariamente acreditamos, que estamos para sempre condenados a sermos inferiores a nossos pais.

DA PRODUÇÃO DE PRESENÇA AO PRESENTE AMPLO[1]

Entrevista com Hans Ulrich Gumbrecht

Comecemos por falar do livro *Produção de Presença*, publicado há 11 anos. Como a temática desse livro se sedimentou e se refinou para você ao longo desses anos, em especial, após os seus mais recentes livros *Depois de 1945* e *Nosso Presente Amplo*?

Visivelmente, por assim dizer, "programaticamente", *Produção de Presença* foi um livro que marcou uma virada, senão uma

1. Esta entrevista foi pensada inicialmente como diálogo com o professor durante sua visita ao Brasil em março de 2015, para participar de três bancas de doutorado nas Universidades Federais de Minas Gerais, Juiz de Fora e Fluminense (UFMG, UFJF e UFF). Devido à limitação na sua agenda de atividades, as perguntas seguiram por e-mail, e as respostas foram devolvidas em 5 de abril de 2015. Com a oportunidade da tradução dos artigos deste livro, a entrevista foi expandida e inserida no projeto. As nove primeiras perguntas foram feitas em março de 2015 (e têm relação direta com os temas que tratei com Gumbrecht durante doutorado sanduíche em Stanford entre 2013 e 2014), as últimas quatro foram acrescentadas em junho de 2016.

"soleira decisiva", no meu trabalho intelectual. Entretanto, se *Produção de Presença* marca esse limiar de forma bem visível, a ruptura transformadora no plano pessoal aconteceu, para mim, mais cedo, com meu livro *Em 1926*: *Vivendo no limite do tempo*, publicado em 1997. O projeto "não hermenêutico" de escolher e descrever aleatoriamente um ano a fim de presentificá-lo tanto quanto possível antecipou, como um desejo intelectual meu (e essa seja talvez a forma mais adequada de falar), a conceitualização mais sistemática desse desejo em *Produção de Presença.*

Para falar a verdade, sempre me surpreendo em perceber quão longe no tempo (onze e dezoito anos!) esses livros remetem, pois tenho uma ambição obsessiva de me melhorar constantemente e de repetir elevada produtividade... (mesmo com meus sessenta e sete anos de vida!). Não é apenas aquela coisa usual, lhe garanto, mas uma ambição constantemente desenfreada. De toda forma, as duas dimensões do meu trabalho que se "seguiram", de forma mais evidente, ao *Produção de Presença* são meu livro sobre *Stimmungen Lesen* ("Stimmung" como uma dimensão específica e concretização da "Presença") e meu trabalho sobre "latência", pois esse conceito, ele também, pode ser considerado como uma modernidade da presença sob condições muitos específicas. Mais importante, contudo, tem sido uma "linha de pensamento" aparentemente menos direta que também se derivou de *Produção de Presença.* Foi a pergunta sobre desde quando e por quê a "presença" foi tão estranhamente deixada de lado na cultura ocidental. A resposta para essa pergunta me levou de volta aos séculos XVII e XVIII e, em última instância, identifiquei uma transformação na "construção social do tempo" dominante (o que chamo de "cronotopo") enquanto "razão" histórica (se é possível ainda falar de "razão" nesse contexto) ou enquanto "parênteses" intelectual da dimensão da "presença". O que emergiu, como cronotopo, entre o fim do século XVIII e início do século XIX, o que chamamos de "cronotopo historicista", surgiu com certas premissas epistemológicas que claramente "colocaram entre parênteses" a dimensão da presença. Acredito então que, desde o fim do século XX, estamos nos movendo em direção a um cronotopo diferente (aquele que chamo de "nosso presente amplo"), no qual o foco na dimensão da presença torna-se possível novamente – e isso é precisamente como explico minha própria posição (ou, antes, as premissas históricas, as "condições de possibilidade" da minha própria posição). Veja, essa é uma genealogia complexa – mas, ao mesmo tempo (e não se trata de uma "falsa modéstia"), não acredito que seja importante o suficiente a ponto de exigir uma "metadescrição" extensiva. Talvez essa questão possa se resumir se referindo, para os que estão interessados especialmente na dimensão do cronotopo, aos livros em que mais desenvolvo o assunto. São eles: *Nosso presente amplo* e, acima de tudo, *Depois de 1945: latência como origem do nosso presente.*

Nos últimos anos, o senhor tem falado abertamente sobre sua aposentadoria, que se aproxima, e menciona que essa aproximação tem lhe dado abertura para lecionar seminários em temas que sempre te interessaram, sendo também uma oportunidade de retomar assuntos que lhe mobilizaram. Poderia nos falar um pouco sobre a diversidade de temáticas dos seus últimos seminários? Há algum elemento em comum entre eles?

Há duas razões pelas quais estou pensando (e falando) – é estranho ou difícil, para mim, não falar sobre aquilo que ocupa meu pensamento – sobre a minha aposentadoria. Primeiramente (e isso é relativamente banal), porque não há uma aposentadoria compulsória para minha profissão nos Estados Unidos (isso segue a decisão da Suprema Corte, uma decisão baseada na inaceitabilidade de "discriminação contra idade avançada"). Se, por um lado, a ausência de aposentadoria compulsória poderia ser entendida como uma vantagem, por outro, produz de repente uma situação quase opressora de "contingência", um "oceano" de possibilidades – e a ausência de qualquer necessidade. Então, como uma razão aleatória (há também razões financeiras envolvidas), estou agora pensando sobre meu aniversário de 70 anos (15 de junho de 2018) como uma data possível para me aposentar. Isso, obviamente, é uma razão para lançar um olhar retrospectivo para minha carreira intelectual (mais do que apenas acadêmica, espero) e destacar certos tópicos com os quais gostaria de trabalhar nos anos que ainda me restam. Talvez meus programas de ensino desses últimos anos possam ser divididos em três categorias. Há certos seminários em que tento olhar para trás, de uma perspectiva estritamente atual, para determinados movimentos e legados intelectuais que foram importantes durante minha vida. Um exemplo é o seminário de pós-graduação no ano passado sobre "O desconstrutivismo foi uma ilusão?" e, durante o ano acadêmico de 2015/2016 outro seminário sobre o título "O que sobrou do Marxismo?" (*What's left of Marxism?*) – e é importante, para mim, sublinhar que, em ambos os casos, a perguntas não são retóricas, i.e., questões que já tenham certa (embora implícita) resposta. Outra categoria de seminário é o movimento de retomar autores (sobretudo autores da literatura francesa – embora nem mesmo saiba o porquê dessa concentração) que sempre foram importantes para mim e cujo *status* e situação na cultura atual adoraria aferir. Esse foi o caso, por exemplo, com o seminário sobre Honoré de Balzac e Émile Zola. Ao mesmo tempo, contudo, continuo ensinando seminários que são guiados apenas pela minha agenda intelectual atual – e isso quer dizer que podem ser seminários que crio de acordo com meus interesses intelectuais (como o seminário "Explosões do Esclarecimento", no qual você esteve presente no ano passado) –, mas também é possível que, quase contra minha própria vontade, certos seminários padrões da graduação oferecidos no meu departamento se aproximem da minha agenda atual (o que foi o caso com a disciplina de graduação "Teatro/Performance" no último inverno).

Falando sobre seus seminários recentes, um deles, o "Explosões do Esclarecimento" se transformará em livro. Poderia nos antecipar a discussão do livro e a importância dessa discussão para os dias de hoje? Em tempo, qual a previsão de lançamento do livro?

Como acontece com frequência comigo, sinto certa dificuldade em finalizar o manuscrito de um livro (ou de transformar em manuscrito) um processo de pensamento relativamente complexo que parece estar "finalizado" na minha cabeça – esse é exatamente o caso com o seminário e o projeto de livro sobre Diderot, Goya, Lichtenberg e, possivelmente, Mozart, aos quais me referi no seminário "Explosões do Esclarecimento" – principais protagonistas de um livro que teria como título uma frase de Hegel (com a qual ele se refere frequentemente à obra de Diderot), i.e. "Prosa do Mundo". Espero sinceramente (e isso é quase necessário) que eu termine o manuscrito do livro entre nossas próximas férias de verão (entre meados de junho e meados de setembro de 2015) – o que, então, permitiria que o livro seja publicado no original em inglês no ano seguinte (isto é, antes do verão de 2016). Agora o que me interessa nesses projetos (e o que Diderot, Goya, Lichtenberg e, parcialmente, Mozart implicam) é uma configuração epistemológica que emerge do século XVIII e que está bastante distante do que chamamos de "Visão de Mundo Histórica", a qual, até os dias de hoje, associamos, sobretudo, com o Esclarecimento e a qual consideramos, quase naturalmente, como consequência do Esclarecimento. Essa outra "Visão de Mundo" (na falta de uma palavra melhor) que associo com o século XVIII definitivamente não é o que chamamos de Esclarecimento – e, certamente, não estou alegando que seja algo "melhor" nem que tenha sido algo "reprimido". Essa outra visão de mundo se tornou periférica, e pode bem ser o caso que, hoje, no começo do século XXI, com o cronotopo historicista se tornando relativamente marginal (e o cronotopo do presente amplamente central), sentimos uma grande afinidade que havíamos sentido com essa "construção social do tempo" tradicionalmente periférica. Um dos meus alunos de pós-graduação em Stanford, no seminário que você também participou, referiu-se a essa "outra" configuração epistemológica como "ventre (*underbelly*) do Esclarecimento". A metáfora de "underbelly" desejava articular a possibilidade segundo a qual, mais do que ser, talvez, uma "visão de mundo" alternativa, bem delimitada e coerente, o que observamos em torno de Diderot é o resultado da mesma ausência de uma visão de mundo central e bem-delimitada. De toda forma, como você sabe, seria muito complexo descrever essa "outra" visão de mundo em sua totalidade (e também quero que as pessoas leiam meu livro!). Permita-me, então, que mencione o que considero as diferenças centrais. Enquanto parece ser a característica central da chamada "Visão de mundo historicista", a transformação de situações de poliperspectivismo ("contingência") em impressões de "necessidade histórica" (uma situação que elimina qualquer tipo de poliperspectivismo), a visão de mundo de Diderot (o "Esclarecimento subcutâneo") vê o mundo sob a premissa do poliperspectivismo, em outras palavras: "como campo de contingência". Isso significa que cada situação singular requer julgamento, discernimento pessoal, um juízo que pode ser melhor ou pior – mas um julgamento cujo qualitativo "não necessário", ou critério qualitativo, parece existir. É esta possível visão de mundo centrada numa situação de contingência e julgamento, sua origem e identidade, que quero analisar e ilustrar no meu próximo livro.

Lembro-me, no seminário "Explosões do Esclarecimento", de a discussão retomar com frequência os termos de repetição, nuances (ou tônus) e contingência. Ao mesmo tempo, a questão da repetição na produção de presença é algo que o senhor trabalhou em outros momentos, artigos e seminários, especialmente tratando do ritmo na poesia. Poderíamos falar um pouco sobre a relação entre ritmo, produção de presença, contingência e repetição?

Essa é uma questão bastante interessante – e, em certo sentido, surpreendente para mim, e tentarei destacá-la do seminário sobre o tema "Explosões do Esclarecimento", pois levar em conta a dimensão histórica tornaria opressora a complexidade de uma resposta possível. Entre os quatro conceitos – "ritmo", "produção de presença", "contingência" e "repetição" –, dois que estão em relação imediata são "ritmo" e "repetição". É simplesmente nesse sentido que, quando usamos a palavra "ritmo", nos referimos a uma solução prática para o problema de como um objeto temporal em sentido próprio poderia ter uma forma. E em todas as soluções práticas do problema, um objeto temporal – música, linguagem, movimentos corporais etc. – tem uma forma, porque a repetição de certa sequência de estados "através dos quais" esse objeto temporal está passando substitui a autoidentidade dos fenômenos que não são "objetos temporais num sentido próprio". Então, simplesmente, não há ritmo se não houver repetição. Nicholas Luhmann oferece, assim, uma distinção entre duas modalidades diferentes de "acoplamentos" entre sistemas (e o termo "sistemas" pode incluir aqui humanos enquanto indivíduos), no qual "acoplamento de primeira ordem" seria um acoplamento baseado em um ritmo como meio e associado com a baixa tensão da consciência, enquanto o "acoplamento de segunda ordem" seria "produtivo", i.e., dois sistemas acoplados produziriam novos estados em cada um deles, requerendo um grau elevado de tensão da consciência. Agora, em geral, tenho uma tendência a associar "produção de presença", diferentemente de uma atitude interpretativa em direção ao mundo, com um grau baixo de tensão da consciência e, desta forma, mais com a repetição do que com inovação.

"Contingência", contudo, estaria na outra extremidade – porque acredito que apreender o mundo em sua pluralidade, em sua impossibilidade de ser transformado em uma interpretação absolutamente convincente e em "necessidade", requer um grau elevado de tensão na consciência.

Ainda sobre o tema dos seminários, poderíamos falar sobre aquele em que o senhor se dedicou à discussão da performance na literatura? Lembro que logo no início de *Elogio da Beleza Atlética*, o senhor diz preferir não usar performance já que o termo parece alargado e genérico demais. Poderia nos falar sobre a origem do interesse no tema?

Uma proposição básica para uma distinção (em *Produção de Presença*) nesse contexto seria a seguinte: proponho compreender como "performance" todo tipo de comportamento humano visto da perspectiva da "presença", enquanto, por outro lado, vejo o comportamento humano voltado para a perspectiva da interpretação e do sentido como "ação" (*Handlung*). "Teatro", no sentido como parece ser evidente e central nas culturas ocidentais, apenas emergiu ao final do século XVI e início do século XVII (no tempo de Shakespeare, Lope de Vega, Corneille, entre outros) quando, nos primórdios da dominância da cultura do sentido, as formas de performance deveriam ter um sentido inerente. É a isso que nos referimos como "teatro", a expectativa de que os corpos dos atores no palco representem algum "significado". Contudo, ao mesmo tempo, há uma clara fascinação pelos corpos no palco como uma presença não relacionada com o significado. Meu seminário, o qual fora uma disciplina introdutória em "Teoria" para os estudantes de graduação, examinou essa ambiguidade específica do "teatro" ocidental.

Falando de performance, não poderíamos deixar de falar em Paul Zumthor, medievalista suíço por quem você nutriu muita admiração. Poderia nos falar sobre sua relação com Zumthor?

Tendo começado minha carreira acadêmica como medievalista, ler os livros de Paul Zumthor era, ao mesmo tempo, algo inevitável e um grande prazer para mim através dos anos – mas eu o admirava de uma grande distância. Então, você pode imaginar a minha alegria quando, um dia, leio, em um breve livro de Paul Zumthor, de título "Medievalista – ou não?", que ele considerava particularmente interessante (ou mesmo inovador), uma intuição que eu havia descrito, em uma das minhas publicações, o romance cortês e as poesias dos trovadores provençais como sendo um gênero guiado por uma forte resistência contra o controle moral da Igreja. Eu lhe escrevi uma longa carta (isso aconteceu muito antes da era do e-mail), e ele me respondeu em um tom particularmente amigável, gentil e encorajador – e acredito que essa carta de Zumthor foi o verdadeiro começo de nossa amizade, a qual se prolongou por uma década e meia até a sua morte, incluindo visitas suas nas universidades na Alemanha e, ao final, em Stanford, mas também incluindo visitas minhas ao Departamento de Literatura Comparada na Universidade de Montreal, onde Paul Zumthor ensinou durante os anos finais de sua carreira e onde foi um professor emérito. Não há qualquer outro pesquisador e intelectual da geração acadêmica anterior à minha que eu admire e ame mais do que ele. E, como se fosse possível, tornou-se meu desejo configurar meu perfil intelectual de acordo com o dele – o que, claramente, era impossível. Impossível porque Zumthor, além de ser um extraordinário pesquisador e intelectual, foi também um poeta importante e um autor de romances históricos – enquanto, no que me concerne, não descobri até os dias de hoje qualquer "talento literário" em mim.

Lembro-me de o senhor comentar, no ano passado, que Zumthor anda um pouco esquecido nos círculos acadêmicos atualmente. Como poderíamos resgatar o interesse na pesquisa desenvolvida por ele? Como chamar atenção para sua atualidade?

Se vejo as coisas de uma forma correta (e não sei se esse é o caso pois há muito deixei de ser um especialista em estudos medievais), a obra de Zumthor é ainda considerada uma das contribuições mais importantes para a seção medieval dos estudos literários durante o século XX. O ponto importante seria, portanto, chamar a atenção dos leitores atuais para tais tópicos e fascinações da fase tardia do trabalho de Zumthor, cuja importância ultrapassa a dimensão mais restrita dos estudos medievais. Estou me referindo, sobretudo, às suas reflexões sobre a voz, a performance e o espaço – as quais acredito que estão não apenas próximas das minha reflexões sobre "presença", mas que sem dúvida alguma são fundamentalmente inspiradoras para mim. Acredito, inclusive, que deveríamos incluir sua poesia e seus romances históricos nas bibliografias de livros que devem ser relidos e rediscutidos hoje em dia. No meu modo de ver, a grande força de Zumthor era a descrição "fenomenológica" de certos fenômenos históricos, por exemplo, a "performance" das canções dos trovadores, um estilo de descrição que, intuitivamente, por vezes fundou filosoficamente importantes conceitos. Os livros acadêmicos de Zumthor acabavam por se concentrar nas formas medievais de comunicação – mas, nessa concentração, ele destrinchava certos *insights* que são de importância geral, mesmo fora dos limites da cultura "Ocidental". Neste caso, é interessante que, por quase um ano (se me lembro corretamente), ele fez pesquisa de campo em formas de comunicação oral na África porque ele estava convencido de que esse tipo de investigação seria decisiva para uma melhor compreensão da literatura medieval.

Ainda sobre o seminário "Literatura como performance", o senhor estabelece semelhanças ou proximidades entre seu trabalho sobre efeitos de presença e o trabalho de Zumthor sobre a performance?

No seminário recente "Teatro e performance", infelizmente, não houve espaço suficiente para uma leitura intensa da obra de Zumthor – e acredito que mal o mencionei como possível leitura adicional –, mas como tivemos de circunscrever exemplos históricos da "cultura moderna ocidental" desde o século XVI, simplesmente não tive tempo para deixar meus alunos mais familiarizados com a obra de Zumthor (e, assim, meu seminário se tornou um exemplo da dificuldade – mais generalizada – de libertar as ideias de Zumthor para as discussões do tempo presente). Sem dúvida alguma, contudo, valeria a pena concentrar, sobretudo, em suas descrições e reflexões sobre a "voz" e o "espaço" como categorias centrais de qualquer tipo de performance. Penso que os livros e ensaios de Zumthor contêm uma quantidade ampla de conceitos e *insights* que tornariam nossa discussão hoje mais diversificada e complexa. Permita-me também mencionar, nesse contexto, que cedo Zumthor me ajudou a compreender qual poderia ser o ponto de fuga decisivo do meu trabalho durante as décadas de 1970 e de 1980. Além dele, havia outro pesquisador que fora capaz de ver meus escritos em um contexto epistemológico que eu ainda era incapaz de considerar. Esse outro pesquisador era Wlad Godzich, na minha opinião, um dos verdadeiramente extraordinários teóricos literários da minha geração. Godzich escreveu o prefácio para minha coleção de ensaios que apareceu em inglês (*Making Sense in Life and Literature*[2]) – e, tão logo quanto 1990, ele antecipou que a "microfísica da história" era a inspiração decisiva que guiava meu próprio pensamento.

Em sua opinião, quais seriam os desafios das pesquisas acadêmicas na literatura e nas ciências humanas nos dias de hoje?

Acredito verdadeiramente (aqui não se trata da usual "retórica da crise" que acompanhou as Humanidades e as Artes desde o começo do século XX) que as Humanidades terão de lutar, na próxima década, se elas desejam sobreviver dentro da

2. Em tradução livre, "Produzindo Sentido na Vida e na Literatura", compilação de artigos escritos entre 1975 e 1988. Cf. Gumbrecht, H. U. *Making Sense in Life and Literature*; translated by Glen Burns. Minneapolis: University of Minnesota Press, 1992.

instituição acadêmica. A razão para esse prognóstico é relativamente fácil de expor. Durante os últimos anos, e contra o entendimento de que a Universidade começou com Wilhelm von Humboldt, universidades se transformaram – e de forma bem-sucedida – em instituições para a transmissão de conhecimento protoprofissional (e, claro, não há nada de errado com isso). As Humanidades, contudo, quando estão em seu melhor, não produzem nem fornecem tal "conhecimento prático", mas, antes, se engajam no que chamo de "pensamento de risco". "Pensamento de risco" é o pensamento que produz mais novos problemas e novas questões do que respostas, um pensamento que faz o mundo parecer complexo e ainda mais complicado, um pensamento que não poderíamos bancar na vida prática, fora da "torre de marfim" do trabalho acadêmico. Enquanto os humanistas tentarem convencer que eles podem fornecer "conhecimento protoprofissional" (exceto para futuros professores das Humanidades), eles estão condenados a se tornarem crescentemente marginalizados – de uma forma que poderia (e irá) levar logicamente à sua extinção e exclusão das disciplinas acadêmicas. A única – e talvez forte – possibilidade que temos é precisamente insistir – contraintuitivamente – em seu potencial de "pensamento de risco". Nesse sentido, para citar o presidente de Stanford, John Hennessy, as Humanidades são o "burburinho intelectual da Universidade", "elas sozinhas transformam as Universidades em um 'lugar intelectual'". Descobri recentemente que aquelas universidades que subiram rapidamente no ranking internacional de renome são escolas – tais como a "Helvetia Universidade Técnica de Zurique" – que combinam uma concentração em Ciências Naturais e Engenharia com uma pequena, mas extraordinária, seção de Humanidades e Artes. Aparentemente, a copresença com as Humanidades, como a dimensão do "pensamento de risco", torna as Ciências Naturais e a Engenharia departamentos mais fortes. Além disso, vejo que o conceito e a crença no valor existencial da "Literatura", a qual foi quase abandonada em torno do fim do século XX, têm tido certo (embora não tão visível) renascimento nas Humanidades. Há uma vaga, porém, forte fascinação com a "concretude" que a Literatura parece ser capaz de fornecer, uma "concretude" que nos dá a impressão de ser algo "ao qual deveríamos nos agarrar" em um mundo de "Contingência" e de comunicação eletrônica incorpórea. Portanto, ouso dizer que há uma esperança nas Humanidades, mais hoje do que talvez há uma ou duas décadas, mas essa esperança somente se tornará uma sobrevivência nova e intelectualmente forte se começarmos a ser sóbrios a respeito da nossa especificidade intelectual e suas possibilidades inerentes.

No artigo "Da hermenêutica edipiana à Filosofia da Presença", o senhor traça uma espécie de genealogia filosófica de seus "antepassados" acadêmicos, indo de Jauss a Husserl. Nesta genealogia, há o destaque para Heidegger e Husserl, com os conceitos, em especial, de *Stimmung*, *Gelassenheit* e atenção, além, claro, da proposta constante de pensar filosoficamente para além da metafísica. Poderia nos relatar como originou seu interesse em Heidegger e como a leitura de seus escritos cresceu ao longo dos anos em sua própria obra?

Até os meus quase quarenta anos (o que significa: quase até o fim do meu período na Alemanha), evitei ler qualquer coisa de

Heidegger. Foi uma espécie de "decisão", a de que eu deveria ser capaz de ter uma vida intelectual intensa e significativa sem qualquer referência àquele membro do Partido Nazista. Se me lembro corretamente, o primeiro impulso e, mesmo, obrigação para ler *Ser e Tempo* veio da dissertação de um aluno (suíço), cujo tópico me exigia ser ao menos familiarizado com o pensamento de Heidegger. As coisas mudaram mais drasticamente depois da minha mudança intelectual e profissional para os Estados Unidos, em 1989. Lá, tanto meus alunos quanto meus colegas esperavam, de certa forma "natural", que eu fosse quase um especialista em Heidegger – então prossegui com as minhas leituras. Em algum momento (que não associaria a qualquer evento ou livro), os textos Heidegger (especialmente os de depois de 1930) se tornaram mais e mais interessantes e desafiadores para mim – até que, em *Produção de Presença* (publicado em 2004), ele se tornou meu principal autor de referência. Deixe-me enfatizar, contudo, que não estou reivindicando que o "meu Heidegger" (a forma como leio Heidegger) é o verdadeiro, único e tão somente verdadeiro, Heidegger. Antes, proponho usar Heidegger nos meus textos para minha própria inspiração filosófica – se vou ou não na mesma direção que ele, é uma questão completamente diferente, a qual, sendo bem sincero, não me importa muito.

O artigo "Ficar quieto por um momento", de 2000, relata sua experiência com o teatro Nô e Kabuki, relato que aparecerá quatro anos depois incorporado ao livro *Produção de Presença*. Em "Martin Heidegger e seu interlocutor japonês", o senhor também retoma a influência do contato de Heidegger com o pensamento oriental no desenvolvimento

do seu conceito de *Gelassenheit*. Também nesse artigo, como em outros momentos, o senhor menciona o contato decisivo de Barthes com a cultura japonesa. Seria possível dizer que seu contato com os teatros japoneses tradicionais aconteceu como epifania não só para a compreensão do aparecimento e retirada do Ser na filosofia heideggeriana quanto como propulsão para o seu próprio trabalho em torno da produção de presença, da epifania e a *Stimmung*?

Refiro-me a Barthes (a quem admiro muito), porque sinto que a reação dele à cultura japonesa (descrita no livro *O Império dos Signos*) é exatamente oposta à minha – e, nesse caso, verdadeiramente e simplesmente inadequada. Barthes vê processos e ordens de atribuição de significado por toda parte na cultura japonesa – enquanto acredito (não só isso) que às coisas é justamente permitido ser coisas (e nada além) no contexto japonês. O lento cortejo/progressão de um não ator ao longo da famosa "ponte" que leva ao palco é simplesmente o que é e não deve revelar qualquer significado que não esteja ali no movimento. Claro que a afinidade que muitos pensadores japoneses sentiram em relação a Heidegger tem sido uma confirmação bem-vinda da minha própria intuição. Alguns elementos da cultura japonesa, de fato, se tornaram importantes inspirações para mim, no desenvolvimento e na complexificação do meu pensamento sobre "presença".

A partir da leitura de seus escritos sobre a presença e sobre a poesia, é possível depreender que a poesia é uma linguagem artística que tensiona bem os efeitos de presença

e os de sentido, que, por isso, privilegia a emergência de uma *Stimmung*. Nesse sentido, o senhor considera possível traçarmos um paralelo aproximativo entre a tonalidade afetiva e o pensar meditativo (e a *Gelassenheit*) como um modo de disposição para a experiência estética?

Bem, não acredito que haja qualquer relação especificamente intensa entre poesia (linguagem na forma poética) e *Stimmung* – em oposição, por exemplo, à relação entre prosa e *Stimmung*. Em geral, acredito que diferentes "*Stimmungen*" inerentes a e desencadeadas por certos textos e obras de arte desencadearam, com frequência, *Stimmungen* similares em leitores ou espectadores – mas, novamente, não vejo um *status* particular para a poesia aqui. *Gelassenheit*, de acordo com Heidegger, e concordo, parece ser a atitude correta (e requerida) para qualquer "acontecimento da verdade", isto é, para o desvelamento do Ser. E novamente: não apenas e não predominantemente para a poesia.

Por último, seria correto pensar a *Gelassenheit* como disposição para a vivência estética mais afinada com a epifania e a graça do que com a experiência estética preocupada com interpretação do mundo e dos signos das obras de arte?

Como disse, acredito que a *Gelassenheit* é uma atitude muito importante, uma precondição e um gatilho para qualquer acontecimento da verdade ou desvelamento do Ser. Nesse sentido, acredito obviamente que *Gelassenheit* será muito importante para qualquer situação de beleza – mas não acredito, por exemplo, que é uma condição necessária. Na minha experiência, o desejo é a dimensão mais subestimada na atitude em direção à experiência estética: o que vemos, sentimos e escutamos em experiência estética é, em grande parte, algo desejável, do qual sentimos que fomos privados há bastante tempo.

GUMBRECHT, H. U. "To be quiet for a moment". In: BARSCH, Achim; RUSCH, Gebhard; VIEHOFF, Reinhold; BLOCK, Friedrich W. (eds.). Festschriftenprojekt S.J.Schmidt. CD. Halle, 2000.

________. "Martin Heidegger's Japanese Interlocutors: About a Limit of Western Metaphysics". *Diacritics*, v. 30, n. 4, p. 83-101, dez.-fev., 2000b.

________. "How to approach Poetry as a Mode of Attention". In: KÁLLAY, Katalin. *The Arts of Attention.* Amsterdam, 2016 (no prelo).

________. "Présence et plénitude. Sur une trace philosophique dans l'oeuvre de Paul Zumthor". In: CERQUIGLINI-TOULET, Jacqueline; LUCKEN, Christopher (eds.). *Paul Zumthor ou l'invention permanente. Critique, histoire, poésie.* Genève: Librairie Droz, 1998. p. 73-86.

________. "From Oedipal Hermeneutics to Philosophy of Presence [An Autobiographical Fantasy]". *Telos*, vol. 138, p. 163-180, fev.-abr. 2007.

SOBRE O AUTOR

Hans Ulrich Gumbrecht é um historiador, teórico e crítico literário que transita por áreas como filologia, filosofia, literaturas nacionais e aborda temas como experiência estética, esportes e epistemologia cotidiana.

Nasceu na Alemanha do pós-guerra, em 1948. Aos 23, se tornou professor-assistente de Hans Robert Jauss, na Escola de Constança, onde permaneceu entre 1971 e 1974 e concluiu sua *Habilitationsschrift* em Romanística francesa. Considerado membro da geração mais jovem da Estética da Recepção, criticou as premissas e rompeu cedo com essa vertente literária, desenvolvendo a partir de então uma abordagem não hermenêutica para os estudos literários. Lecionou nas universidades de Bochum e Siegen, na Alemanha, antes de se mudar, em 1989, para a Califórnia, nos Estados Unidos, e assumir a cadeira Albert Gérard de Literatura Comparada na Stanford University.

Nos últimos quarenta anos publicou mais de dois mil textos, incluindo livros traduzidos em mais de vinte línguas. Seus títulos mais recentes são *Atmosfera, ambiência, Stimmung: sobre um potencial oculto da literatura; Após 1945: latência como origem do presente* e *Nosso Presente Amplo*. Como figura intelectual pública, Gumbrecht participa ativamente da vida acadêmica de diversas universidades como, entre muitas outras, Collège de France, Universidade de Lisboa, Universidade de Manchester e Pontifícia Universidade Católica do Rio de Janeiro (PUC-Rio). Desde 1977, Gumbrecht visita o Brasil anualmente proferindo palestras, conduzindo seminários e, mais recentemente, participando de bancas de doutorado.

1ª edição [2016]

Esta obra foi composta em Adobe Garamond Pro
e DIN sobre papel Pólen soft 80 g/m2
para a Relicário Edições.